설레는 **중국어**와의 **첫 만남**

두근두근
중국어 ①

시사중국어사

초판발행	2016년 9월 1일
1판 8쇄	2022년 3월 20일
저자	양영매, 진화진
책임 편집	최미진, 가석빈, 엄수연, 高霞
펴낸이	엄태상
디자인	진지화
내지 일러스트	스위치
표지 일러스트	아인AIN(김도은)
콘텐츠 제작	김선웅, 김현이, 유일환
마케팅	이승욱, 왕성석, 노원준, 조인선, 조성민
경영기획	마정인, 조성근, 최성훈, 정다운, 김다미, 오희연
물류	정종진, 윤덕현, 양희은, 신승진
펴낸곳	시사중국어사(시사북스)
주소	서울시 종로구 자하문로 300 시사빌딩
주문 및 교재 문의	1588-1582
팩스	(0502)989-9592
홈페이지	http://www.sisabooks.com
이메일	book_chinese@sisadream.com
등록일자	1988년 2월 13일
등록번호	제1-657호

ISBN 979-11-5720-058-0 14720
　　　 979-11-5720-057-3 (set)

* 이 책의 내용을 사전 허가 없이 전재하거나 복제할 경우 법적인 제재를 받게 됨을 알려 드립니다.
* 잘못된 책은 구입하신 서점에서 교환해 드립니다.
* 정가는 표지에 표시되어 있습니다.

머리말

최근 중국어의 중요성이 커짐에 따라 많은 사람들이 중국어 공부를 시작하고 있습니다. 간단한 기초 중국어 회화에서부터 고급 HSK까지 또는 전공 공부나 비즈니스, 취미생활 등 학습목표와 학습방법도 매우 다양해졌습니다.

본 교재는 대학에서 교양외국어로서의 중국어를 접하는 학생들이 기초 중국어 회화 및 기본적인 문법을 효과적으로 학습할 수 있도록 하였습니다.

다음과 같은 내용을 담았습니다.

1. 중국어의 핵심인 발음(한어병음 및 성조) 부분은 《중국어 알고 가기》 코너에서 미리 설명하고 기초 어휘를 활용해 다양한 예시를 제시하고 소개했습니다. 이를 통해 발음 연습 및 기초 어휘를 습득하고 넘어갈 수 있도록 했습니다.

2. 각 과별로 3문장씩 제시되는 기본문장을 중심으로 문법 사항 학습 및 교체 연습을 학습할 수 있도록 구성했습니다.

3. 기본문장을 포함해 구성한 회화 본문 2개를 제시했습니다. 가장 자연스러운 표현들을 모아 간단하지만 실용적인 회화를 학습할 수 있습니다.

4. 각 과의 마지막 본문은 앞의 두 개의 회화 본문을 단문으로 전환시켜 제시하였습니다. 이로써 대화 형식뿐 아니라 서술문도 학습해볼 수 있습니다. 또한 본문 아래에 본문 내용을 활용해 자신의 상황에 맞추어 단문을 작성해볼 수 있도록 했습니다.

5. 연습문제의 쓰기, 읽기, 말하기 문제를 통해 기본문장 및 문법 사항을 복습할 수 있도록 했습니다.

6. 워크북의 간체자쓰기 코너에서는 본문에 등장한 기본 단어를 획순에 맞춰 직접 써볼 수 있습니다.

7. 워크북의 쓰기, 듣기 문제를 통해 교체 연습 및 추가 표현에 출현한 Plus 표현들을 복습할 수 있도록 했습니다.

외국어 학습에서 '회화'는 자신의 입에서 말로 나올 때 비로소 진정한 회화가 됩니다. 본 교재로 중국어를 익히는 학습자들이 제시된 기본문장 및 교체 연습을 반복 학습하고, 추가 표현을 익혀 진정한 '회화'를 이룰 수 있는 밑바탕이 되기를 바랍니다.

저자 양영매, 김화진

차 례

- 머리말   3
- 수업계획표   6
- 이 책의 특징   8
- 중국어 알고 가기   10

제1과   你好！ Nǐ hǎo! 안녕하세요!   36
Key Point 인사말 | 동사 见 | 형용사 서술어문

제2과   我是学生。 Wǒ shì xuésheng. 나는 학생이야.   48
Key Point 동사 是 | 지시대명사 这/那 | 의문사 什么

제3과   我叫朴海镇。 Wǒ jiào Piáo Hǎizhèn. 나는 박해진이라고 불러.   60
Key Point 이름 묻고 답하기 | 동사 认识 | 의문사 哪

제4과   我在学校。 Wǒ zài xuéxiào. 나는 학교에 있어.   72
Key Point 동사 在 | 의문사 哪儿 | 동사 做 | 개사 在

제5과   我家有三口人。 Wǒ jiā yǒu sān kǒu rén. 우리 집은 가족이 세 명이야.   84
Key Point 의문사 几 | 양사 口 | 가족구성원을 묻는 표현 | 동사 有

제6과   现在九点。 Xiànzài jiǔ diǎn. 지금은 9시야.   96
Key Point 시각 표현 | 명사 서술어문 | 시간에 따른 일정 말하기 | 几点+동사 | 요일 묻고 답하기

제7과 我今年二十岁。 Wǒ jīnnián èrshí suì. 나는 올해 20살이야. 110
Key Point 나이를 묻는 표현 | 날짜 표현 | 연동문 | 어기조사 吧

제8과 我想吃中国菜。 Wǒ xiǎng chī zhōngguócài. 나는 중국 음식을 먹고 싶어. 124
Key Point 정반의문문 | 조동사 想 | 1음절 동사의 중첩

제9과 你最近怎么样？ Nǐ zuìjìn zěnmeyàng? 너는 요즘 어때? 136
Key Point 의문사 怎么样 | 정도 표현 太……了 | 一点儿과 有点儿 | 조사 的

제10과 周末你做什么了？ Zhōumò nǐ zuò shénme le? 주말에 너는 무엇을 했어? 150
Key Point 동사 打算 | 조사 了 | 부사 还

제11과 我去过故宫。 Wǒ qùguo Gùgōng. 나는 고궁에 가본 적이 있어. 162
Key Point 조사 过 | 정도보어 ……极了 | 동사 陪

제12과 他会说汉语。 Tā huì shuō Hànyǔ. 그는 중국어를 말할 수 있어. 174
Key Point 조동사 会 | 의문사 怎么 | 조동사 要

— 해석 및 정답 186

수업계획표

수업차시		주제	기본 문장
1/2주차	OT	중국어의 발음	
3주차	1과	你好！ Nǐ hǎo! 안녕하세요! 기본적인 인사 표현	1) 你好！ Nǐ hǎo! 　안녕하세요! 2) 再见！ Zàijiàn! 　또 만나! / 잘 가! 3) 我很好！ Wǒ hěn hǎo! 　나는 잘 지내!
4주차	2과	我是学生。 Wǒ shì xuésheng. 나는 학생이야. 동사 是과 지시대명사	1) 我是学生。 Wǒ shì xuésheng. 　나는 학생이야. 2) 这是汉语书吗？ Zhè shì Hànyǔ shū ma? 　이것은 중국어 책인가요? 3) 那是什么？ Nà shì shénme? 　저것은 무엇인가요?
5주차	3과	我叫朴海镇。 Wǒ jiào Piáo Hǎizhèn. 나는 박해진이라고 불러. 이름 묻고 답하기, 국적 묻기	1) 你叫什么名字？ Nǐ jiào shénme míngzi? 　네 이름은 무엇이야? 2) 认识你，很高兴。 Rènshi nǐ, hěn gāoxìng. 　너를 알게 되어 매우 기뻐. 3) 你是哪国人？ Nǐ shì nǎ guó rén? 　너는 어느 나라 사람이야?
6주차	4과	我在学校。 Wǒ zài xuéxiào. 나는 학교에 있어. 장소 묻기	1) 你在哪儿？ Nǐ zài nǎr? 　너는 어디에 있어? 2) 你做什么？ Nǐ zuò shénme? 　너는 무엇을 하니? 3) 我在家看电视。 Wǒ zài jiā kàn diànshì. 　나는 집에서 텔레비전을 봐.
7주차	5과	我家有三口人。 Wǒ jiā yǒu sān kǒu rén. 우리 집은 가족이 세 명이야. 가족구성원 묻기, 양사	1) 你家有几口人？ Nǐ jiā yǒu jǐ kǒu rén? 　너희 집에 가족이 몇 명이야? 2) 你家都有什么人？ Nǐ jiā dōu yǒu shénme rén? 　너희 집은 가족구성원이 어떻게 돼? 3) 我有一个姐姐。 Wǒ yǒu yí ge jiějie. 　나는 언니가 한 명 있어.
8주차			중간고사
9주차	6과	现在九点。 Xiànzài jiǔ diǎn. 지금은 9시야. 시간·요일 묻고 답하기	1) 现在几点？ Xiànzài jǐ diǎn? 　지금 몇 시야? 2) 我十点半上课。 Wǒ shí diǎn bàn shàngkè. 　나는 10시 반에 수업을 들어. 3) 明天星期二。 Míngtiān xīngqī'èr. 　내일은 화요일이야.

수업계획표

수업차시		주제	기본 문장
10주차	7과	我今年二十岁。 Wǒ jīnnián èrshí suì. 나는 올해 20살이야. 나이 묻고 답하기, 연동문	1) 你今年多大？ Nǐ jīnnián duōdà? 　너는 올해 몇 살이야? 2) 你的生日是几月几号？ Nǐ de shēngrì shì jǐ yuè jǐ hào? 　네 생일은 몇 월 며칠이야? 3) 我们去北京饭店吃饭吧！ 　Wǒmen qù Běijīng fàndiàn chīfàn ba! 　우리 북경호텔에 가서 밥 먹자!
11주차	8과	我想吃中国菜。 Wǒ xiǎng chī zhōngguócài. 나는 중국음식을 먹고 싶어. 정반의문문, 조동사	1) 你饿不饿？ Nǐ è bu è? 　너 배가 고파 안 고파? 2) 你想吃什么？ Nǐ xiǎng chī shénme? 　너는 뭐 먹고 싶어? 3) 我们尝尝吧！ Wǒmen chángchang ba! 　우리 한번 먹어보자!
12주차	9과	你最近怎么样? Nǐ zuìjìn zěnmeyàng? 너는 요즘 어때? 의문사, 정도 표현	1) 你最近怎么样？ Nǐ zuìjìn zěnmeyàng? 　너는 요즘 어때? 2) HSK太难了！ HSK tài nán le! 　HSK는 너무 어려워! 3) 这是小一点儿的。 Zhè shì xiǎo yìdiǎnr de. 　이것은 좀 작은 거야.
13주차	10과	周末你做什么了? Zhōumò nǐ zuò shénme le? 주말에 너는 무엇을 했어? 계획 · 예정 말하기	1) 你打算做什么？ Nǐ dǎsuan zuò shénme? 　너는 무엇을 할 예정이야? 2) 周末你做什么了？ Zhōumò nǐ zuò shénme le? 　주말에 너는 무엇을 했어? 3) 那边有很多小店，还有很多餐厅。 　Nàbiān yǒu hěn duō xiǎodiàn, hái yǒu hěn duō cāntīng. 　그쪽에는 작은 상점도 많고, 또한 식당도 많이 있어.
14주차	11과	我去过故宫。 Wǒ qùguo Gùgōng. 나는 고궁에 가본 적이 있어. 경험 말하기	1) 我去过故宫。 Wǒ qùguo Gùgōng. 　나는 고궁에 가본 적이 있어. 2) 漂亮极了！ Piàoliang jí le! 　정말 아름다워! 3) 我陪你去吧！ Wǒ péi nǐ qù ba! 　내가 너와 함께 갈게!
15주차	12과	他会说汉语。 Tā huì shuō Hànyǔ. 그는 중국어를 말할 수 있어. 방법 묻기	1) 他会说汉语。 Tā huì shuō Hànyǔ. 　그는 중국어를 말할 수 있어. 2) 你们怎么交流？ Nǐmen zěnme jiāoliú? 　너희들은 어떻게 교류를 해? 3) 我要学那首歌。 Wǒ yào xué nà shǒu gē. 　나는 그 노래를 배우려고 해.
16주차			기말고사

이 책의 특징

모든 것은 첫인상이 중요합니다. 〈두근두근 중국어1, 2〉는 누구나 쉽고 재미있게 중국어를 배울 수 있는 것에 초점을 맞춘 교재입니다. 중국어 기본문장 72개로 기초중국어 완성! 중국어는 어렵지 않다는 것을 본 교재를 사용하는 학습자가 직접 느낄 수 있도록 구성하였습니다.

▶ **기본문장 & Key Point**
각 과 본문에 나오는 기본문장 3개를 미리 보여주고 그에 따른 어떤 중요한 문법을 배우는지 알려줍니다.

▶ **새로 나온 단어**
이번 과의 새로 나온 단어를 보고 듣고 읽어보며 학습합니다.

▶ **기본문장 알기**
각 과의 기본문장에 대해 간단하지만 핵심이 담긴 설명을 실어, 기본문장에 대해 숙지한 후 직접 문장활용 연습도 해볼 수 있습니다. 궁금증이 생길 때마다 나오는 TIP으로 중국어 고민을 해결해보세요.

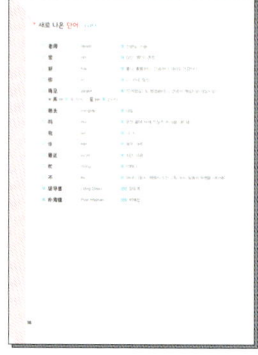 

▶ **본문 익히기 1, 2, 3**
본문 익히기 1은 기본 회화, 본문 익히기 2는 확장 회화, 본문 익히기 3은 본문 익히기 1, 2를 활용한 단문으로 구성되어 있습니다. 체계적인 본문 구성을 통해 회화 실력을 한층 더 높일 수 있습니다. 또한 본문 익히기 1, 2, 3을 모두 학습한 후 본인의 상황에 맞게 이야기하고 토론 할 수 있도록 말하기 코너를 마련했습니다. 본문 사이사이 꿀팁도 잊지 마세요~

▶ **연습문제**

중국어 실력을 전반적으로 체크할 수 있는 문제로 구성되어 있어, 꼼꼼하게 풀어보면서 자신의 실력을 UP! 할 수 있습니다.

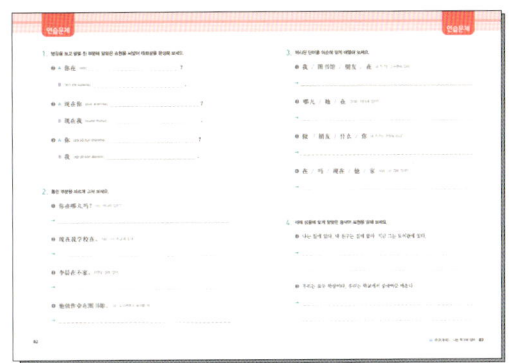

▶ **ALL ABOUT CHINA!**

중국어 시간을 즐겁게 마무리할 수 있는 쉬어가기 코너인 ALL ABOUT CHINA는 중국의 과거와 현재에 대해 좀 더 자세히 알 수 있는 페이지입니다. 재미있게 읽고 선생님, 친구들과 함께 토론도 해보세요!

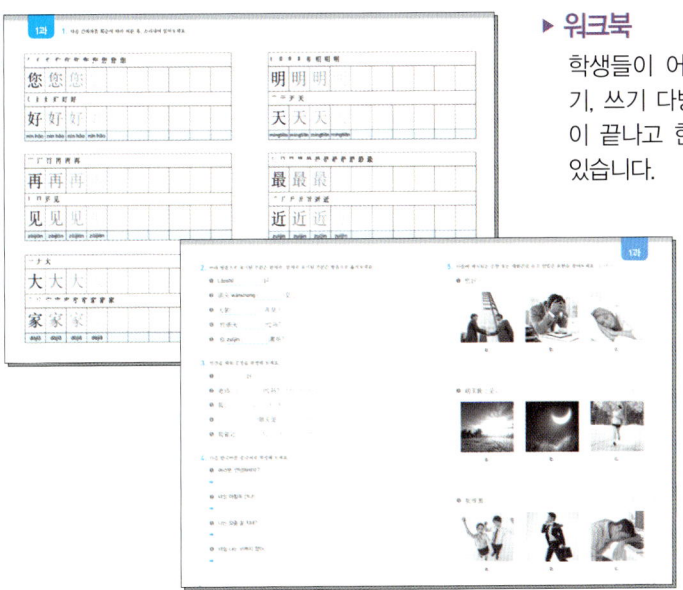

▶ **워크북**

학생들이 어려워하는 간체자 쓰기와 듣기, 읽기, 쓰기 다방면의 문제를 풀어볼 수 있어 수업이 끝나고 한 번 더 복습하는 시간을 가질 수 있습니다.

1. 중국은?

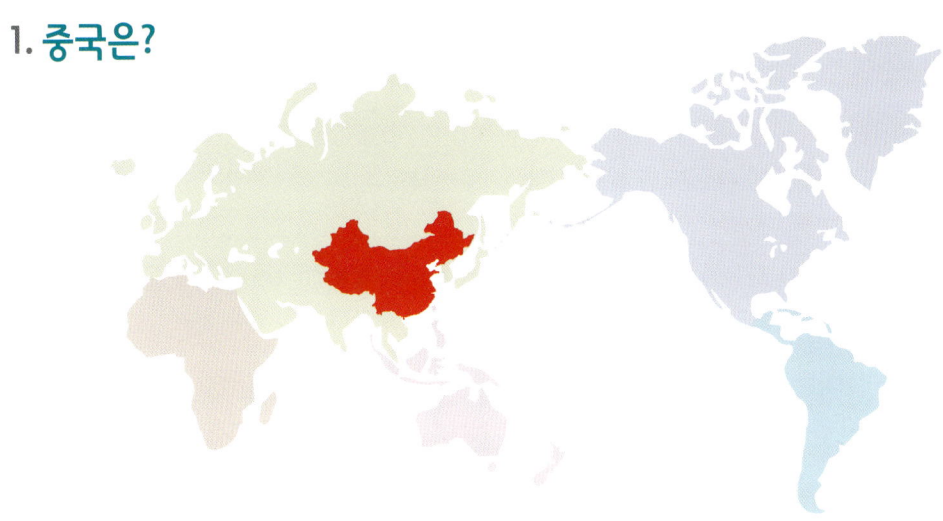

▶ 중국의 면적은 약 960만㎢이며, 대한민국의 약 100배로 세계에서 세 번째로 큰 나라이다.

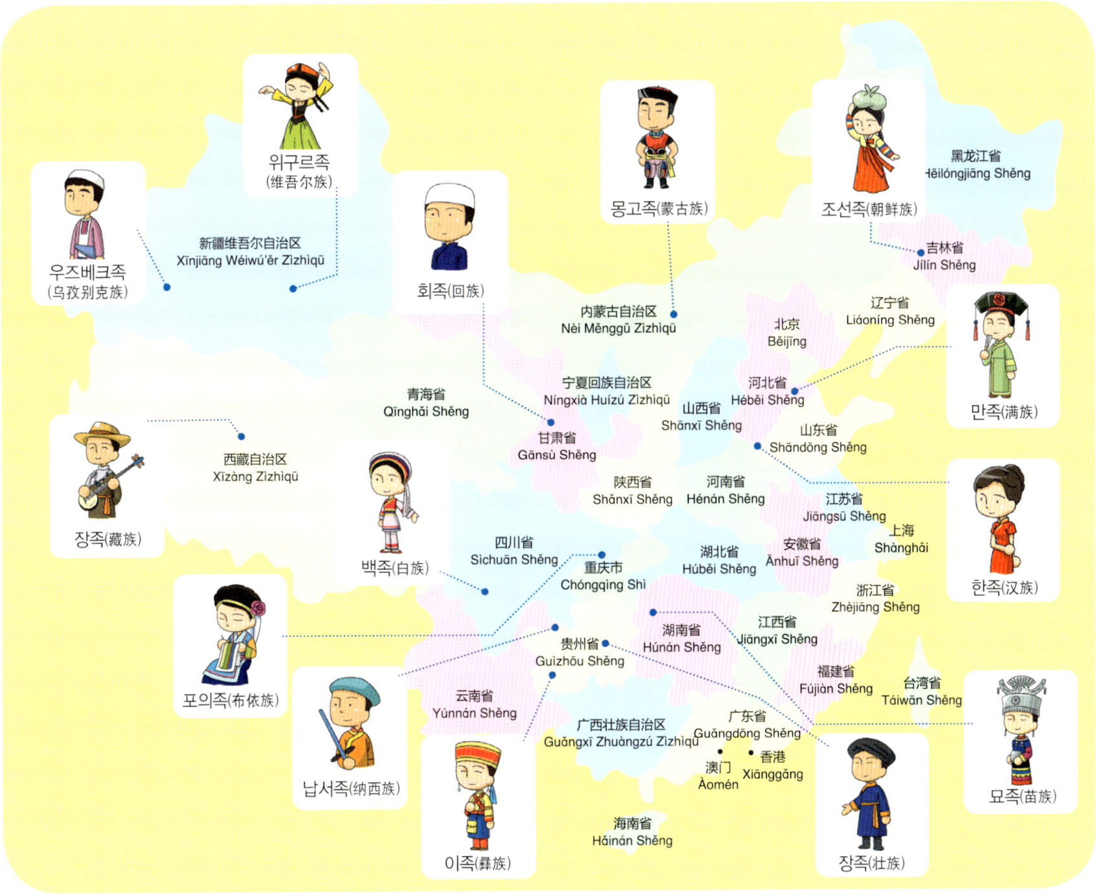

▶ 중국은 다민족 국가로, 한족과 55개의 소수민족으로 이루어져 있다.

2. 중국어의 표준어 : 보통화(普通话)

▶ 중국어는 한족(汉族)이 사용하는 말이라는 뜻에서 '한어(汉语)'라고도 불린다.
   현재 중국에는 크게 7개 방언(사투리: 方言)이 지역적으로 존재한다.

   * 7대 방언에는 한족의 기초방언인 관화(官话) 방언, 상해(上海)와 강소(江苏) 등지의 오(吴) 방언, 복건성(福建省) 복주(福州)말인 민(闽) 방언, 광동성(广东省) 광주(广州) 말인 월(粤)방언, 광동성(广东省)과 복건성(福建省) 등지의 객가(客家) 방언, 강서성(江西省) 일대의 감(赣) 방언, 호남성(湖南省) 일대의 상(湘) 방언이 있다.

▶ 표준 중국어를 지칭하는 말이 바로 보통화(普通话)로, 베이징 발음을 기초 발음으로 하고 어휘는 북방 어휘를 기본 어휘로 한다. 문법은 현대 백화문(白话文: 입말을 바탕으로 한 글말)에 근거한다.

▶ 대만(台湾)에서는 표준어를 국어(国语)라고 하고, 그 밖에 동남아 등지에서는 중국어를 화어(华语)라고 표현한다.

3. 중국어의 글자 : 한자 - 간체자(简体字)

| 간체자(简体字) | 번체자(繁体字) |

▶ 현재 중국에서 사용하는 표준문자는 간체자(简体字)이다. 간체자란 예전부터 내려오던 복잡한 형태의 한자를 간략한 형태로 만든 글자로, 쓰기 편하고 쉽게 익히고 외울 수 있도록 한 것이다. 반대로 간략한 형태 이전의 문자는 번체자(繁体字)라고 한다. 현재 대만, 홍콩, 한국 등지에서 쓰이고 있다.

▶ 중국 정부가 발표한 현행 간체자는 2,235자이며(1986년 '간화자총표' 참고), 나머지 한자는 번체자와 동일하다.

4. 중국어의 발음 기호

1) 한어병음방안(汉语拼音方案)

▶ 한자는 사물의 모양을 본 떠 만든 상형문자이며, 대표적인 표의문자이다.

▶ 한자의 발음표기를 위해 로마문자를 빌려와 자음인 성모(声母)와 모음인 운모(韵母)를 구성하고, nǐ와 같이 소리의 높낮이를 나타내는 성조 부호를 얹어서 한어병음방안을 제정했다.

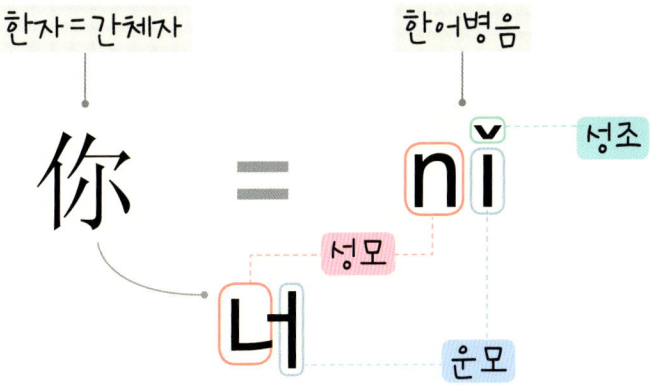

2) 중국어의 음절 구조: 성모 🎧 00-1

b	p	m	f	**o**
뽀–(어)	포–(어)	모–(어)	영어(포–(어))	
d	t	n	l	**e**
뜨어–	트어–	느어–	르어–	
g	k	h		
끄어–	크어–	흐어–		**+**
j	q	x		
찌(이)	치(이)	시(이)		**i**
z	c	s		
쯔으–	츠으–	쓰으–		
zh	ch	sh	r	
즈으–ㄹ	츠으–ㄹ	스으–ㄹ	르으–ㄹ	

▶ 중국어의 성모는 한국어의 자음에 해당하며, 모두 21개가 있다. 성모만으로는 발음을 하기 어렵기 때문에 단운모와 함께 붙여서 연습한다.

▶ 한국어에 존재하는 발음이 중국어 성모가 될 경우, 한국어보다 강하게 발음한다.

> **Tip!**
>
> * j, q, x + ü = ju / qu / xu
>
>   중국어의 성모 j, q, x는 운모 u와 결합되지 않고 ü와 결합하며, 이때 점 두 개를 생략하고 ju / qu / xu로만 표기한다.
>
> * z, c, s / zh, ch, sh, r + i = 'i'는 '으'처럼 발음한다.
>
>   중국어의 성모 z, c, s와 zh, ch, sh, r와 결합하는 운모 i는 한국어의 '으'로 소리내어 발음한다.

3) 중국어의 음절 구조: 단운모 🎧 00-2

단운모는 가장 기본이 되는 운모로 다음의 6가지가 있다.

a　o　e　i　u　ü

- ▶ 중국어 a는 입을 크게 벌리고 한국어로 [아]하고 발음한다.
- ▶ 중국어 o는 한국어로 [오]하고 발음하면서 자연스럽게 입을 떼면서 [어]로 연결한다.
- ▶ 중국어 e는 한국어로 [으]하고 발음하면서 자연스럽게 입을 떼면서 [어]로 연결한다.
- ▶ 중국어 i는 입술을 양옆으로 살짝 당기며 [이]라고 발음한다.
- ▶ 중국어 u는 입술을 작고 둥글게 앞으로 쭉 내밀어 [우]라고 발음한다.
- ▶ 중국어 ü는 입술 모양을 동그랗게 유지하면서 한국어로 [위]라고 발음한다.

4) 중국어의 음절 구조: 성조 🎧 00-3

- ▶ 성조는 소리의 높낮이를 말하며, 중국어에는 매 음절마다 성조가 있다.
- ▶ 같은 발음이라도 성조가 다르면 의미가 다르다.
- ▶ 중국어에는 1성, 2성, 3성, 4성이 있으며, 소리의 높낮이는 다음과 같다.

- ▶ 네 개의 성조 이외에도 가볍고 짧게 발음하는 경성(轻声)이 있다. 경성은 따로 성조를 표기하지 않는다.

발음 연습 1

tā
他 그, 그 사람

chá
茶 차

nǐ
你 너, 당신

qù
去 가다

chī
吃 먹다

chē
车 차

dǎ
打 때리다

dà
大 크다

sījī
司机 기사

dú shū
读书 책을 읽다

jìzhě
记者 기자

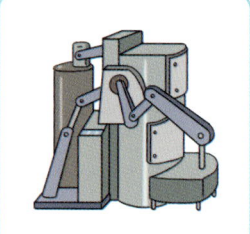
jīqì
机器 기계

shālā
沙拉 샐러드

pífū
皮肤 피부

rìjì
日记 일기

lìzhī
荔枝 리치

5) 중국어의 음절 구조: **운모** 🎧 00-5

a	ai	ao	an	ang
	아이	아-오	안	앙

o	ou	ong
	어-우	옹/웅

e	ei	en	eng	er
	에이	으언	으엉	얼

i	ia	ie	iao	iou	
	이아	이에	이아오	이(오/요)우	
	ian	iang	iong	in	ing
	이앤-	이양	이옹/이웅	인	잉

u	ua	uo	uai	uei
	우와	우-어	우아이	우에이
	uan	uang	uen	ueng
	우완	우왕	우으언	우으웡

ü	üe	üan	ün
	위에	위앤-	윈

(1) 복운모 ai ei ao ou   🎧 00-6

ai	ei	ao	ou
ài 爱 kāi 开	hēi 黑 shéi 谁	ào 傲 jiào 叫	ǒu 偶 gǒu 狗

▶ 두 개의 소리를 각각 연이어 발음한다. 이 때, 입에 크게 벌어지는 운모를 더욱 강조해서 발음한다.

▶ ei는 e가 i와 함께 발음될 경우, '에'로 발음한다.

▶ ao와 ou는 두 번째 모음이 다르지만, 발음상 유사하게 들린다. ao는 [아-오]로, ou는 [어-우]로 발음한다.

(2) 비운모 an en ang eng ong   🎧 00-7

an	en	ang	eng	ong
ān 安 kàn 看	ēn 恩 gēn 根	áng 昂 háng 航	lěng 冷 děng 等	dōng 东 zhōng 中

▶ 콧소리가 나는 발음이다. '-n'은 한국어 받침 'ㄴ'으로 '-ng'는 한국어 받침 'ㅇ'으로 발음한다.

▶ ong은 [옹]과 [웅]의 중간음으로 발음한다.

(3) 결합운모

① i 결합: ia ie iao iou(iu) ian iang iong in ing   🎧 00-8

ia	ie	iao	iou(iu)
yà 亚 jiā 家	yè 夜 jiě 姐	yào 要 niǎo 鸟	yǒu 有 jiǔ 九

ian	iang	iong	in	ing
yǎn 眼 jiàn 见	yáng 羊 jiāng 江	yòng 用 qióng 穷	yīn 音 xīn 心	yīng 英 qǐng 请

- iou는 세 개의 음을 빠르게 연결시켜 [이(오/요)우]처럼 발음한다.
- ian은 i를 아주 짧게 발음하면서 [이앤(앤)~]으로 연결시켜 발음한다.
- iong은 i를 아주 짧게 발음하면서 [이옹]과 [이웅]의 중간음으로 발음한다.
- ing은 입술을 옆으로 당기면서 [잉]하고 발음한다.

② u 결합: ua uo uai uei(ui) uan uen(un) uang ueng 🎧 00-9

ua	uo	uai	uei(ui)
wá 娃 zhuā 抓	wǒ 我 duō 多	wài 外 kuài 快	wèi 喂 duì 对

uan	uen(un)	uang	ueng
wǎn 晚 duǎn 短	wèn 问 kùn 困	wáng 王 chuáng 床	wēng 翁

- uo는 [우–어]로 발음한다.
- uei(ui)는 세 개의 음을 빠르게 연결시켜 [우에이]처럼 발음한다.
- uen는 세 개의 음을 빠르게 연결시켜 [우으언]처럼 발음한다.

③ ü 결합: üe üan ün 🎧 00-10

üe	üan	ün
yuè 月 lüè 略	yuǎn 远 xuǎn 选	yún 云 jūn 军

- üe는 e를 [에]로 소리 내어 [위에]로 발음한다.
- üan은 ü를 아주 짧게 발음하면서 [위앤–]으로 연결시켜 발음한다.
- ün은 [윈]으로 발음하며, 입술을 움직이지 않는다.

5. 한어병음방안 표기 주의사항

1) 성조 부호 표기 🎧 00-11

$$a > o > e > i > u/ü$$

- 중국어의 성조 표기는 모음 위에 한다. 모음이 여러 개 나올 경우, 입이 크게 벌어지는 순서 a > o > e > i > u/ü로 표기한다.
  예 hǎo 好
- 줄여서 표기되는 iu/ui는 뒤에 나오는 모음 위에 성조를 표기한다.
  예 jiǔ 九, duì 对

2) 단모음 'i'의 표기법 🎧 00-12

$$i = yi / y$$

- 중국어의 단모음 'i'가 성모 없이 단독으로 음절의 첫머리에 출현할 경우 'yi'로 표기한다.
  예 yī 一
- 중국어의 단모음 'i'가 다른 모음과 결합해 음절의 첫머리가 될 경우 'y'로 표기한다.
  'in → yin', 'ing' → 'ying', 'ia → ya'
  예 yǒu 有

3) 단모음 'u'의 표기법 🎧 00-13

$$u = wu / w$$

- 중국어의 단모음 'u'가 성모 없이 단독으로 음절의 첫머리에 출현할 경우 'wu'로 표기한다.
  예 wǔ 五
- 중국어의 단모음 'u'가 다른 모음과 결합해 음절의 첫머리가 될 경우 'w'로 표기한다. 'uo → wo'
  예 wǒ 我

4) 단모음 'ü'의 표기법 1 🎧 00-14

$$ü = yu$$

▶ 중국어의 단모음 'ü'가 성모 없이 단독으로 음절의 첫머리에 출현할 경우 'yu'로 표기한다.
   예 yǔ 雨
▶ 중국어의 단모음 'ü'가 다른 모음과 결합해 음절의 첫머리가 될 경우 'yu'로 표기한다.
   예 yuè 月, yuán 原

단모음 'ü'의 표기법 2 🎧 00-15

$$jü / qü / xü = ju / qu / xu$$

▶ 성모 'j, q, x'와 단모음 'ü'가 만나면 'ü'는 'u'로 바뀐다.
   예 jù 句, qù 去, xū 需

5) 줄여서 표기 또는 생략형 표기 🎧 00-16

	성모가 없는 경우	성모와 결합 시
iou	you	성모 + iou = jiu
uei	wei	성모 + uei = dui
uen	wen	성모 + uen = kun

▶ 중국어의 복운모 가운데 3가지 'iou, uei, uen'은 성모와 결합할 경우 줄여서 'iu, ui, un'으로 표기한다.
   예 jiǔ 九, duì 对, kùn 困

발음 연습 2

단모음 단독 표기

① 단운모 🎧 00-17

	1성	2성	3성	4성
a				
o				
e				
i				
u				
ü				

② u ↔ w / i ↔ y / ü ↔ yu 🎧 00-18

u	wu	i	yi	ü	yu
ua		ia		üe	
uo		ie		üan	
uai		iao		ün	
uan		iou(iu)			
uang		ian			
uei(ui)		in			
uen(un)		iang			
ueng		ing			
		iong			

6. 중국어 발음상의 특수현상

1) 권설운모 er 🎧 00-19

▶ 중국어의 권설운모 er은 단독으로 사용되기도 하고, 단어 뒤에 출현해 '儿화 (儿化) 운모'를 만든다.

▶ 儿화는 베이징 지역의 사투리로 단어 뒤에 '-r'을 붙여서 표기한다.

예 huā 花 → huār 花儿

Tip! 얼화 발음의 예

기본 얼화	nà 那 → nàr 那儿 gē 歌 → gēr 歌儿
n음 탈락	wán 玩 → wánr 玩儿 běn 本 → běnr 本儿
i음 탈락	zì 字 → zìr 字儿 hái 孩 → háir 孩儿

2) 경성 🎧 00-20

▶ 중국어 성조에는 1성, 2성, 3성, 4성 이외에도 원래의 성조를 잃고 짧고 가볍게 발음되는 경성이 있다.

▶ 경성은 스타카토처럼 짧고 가볍게 읽으며, 성조 부호는 표기하지 않는다.

▶ 경성은 유동적으로 앞에 오는 성조에 따라서 높낮이가 다르게 들리며, 앞에 나오는 발음에 따라 자연스럽게 발음한다.

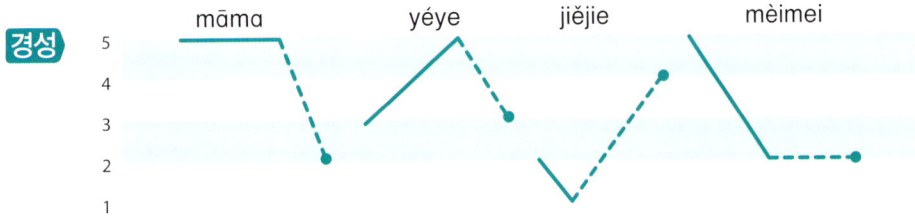

▶ 중국어의 경성은 보통 두 개의 한자가 동일한 경우 주로 뒤의 한자가 경성이 되며, 세 개의 한자가 한 단어를 이룰 경우 가운데 또는 맨 뒤에 출현하는 발음이 경성이 된다. 예를 들어, xièxie (谢谢), bàba (爸爸), duìbuqǐ (对不起), méiguānxi (没关系) 등이 있다.

7. 중국어 성조 변화

1) 3성

▶ 중국어의 3성이 2개 이상 연속으로 출현할 경우, 발음의 편리를 위해 3성의 성조가 변화한다. 단, 3성의 성조 변화는 발음상의 변화이며, 성조 표기는 'ˇ'를 유지한다. 3성의 성조 변화는 두 가지 경우가 있다.

(1) 3성 + 3성

$$3성 + 3성 \rightarrow 2성 + 3성$$

▶ 3성 뒤에 3성이 출현할 경우, 앞의 3성은 2성으로 발음한다.
▶ 원칙적으로 3성 100개가 출현할 경우, 99개의 발음은 2성으로 마지막 100번째 3성만 원래 성조로 발음한다. 그러나 문장에 따라 끊어 발음하기도 한다.
▶ 예를 들어, 'Wǒ yě hěn hǎo.(我也很好。나도 매우 좋아.)'는 다음의 두 가지 방법으로 발음될 수 있다. ❶ 2+2+2+3 / ❷ 2+3, 2+3

(2) 3성 + 1, 2, 4성, 경성

$$3성 + 1, 2, 4성, 경성 \rightarrow 반3성 + 1, 2, 4성, 경성$$

▶ 3성 뒤에 3성 이외의 나머지 성조가 출현할 경우, 3성의 앞(내려가는 부분) 부분만 발음하고 뒤의 성조를 읽어주는데, 이를 반(半) 3성이라고 일컫는다.

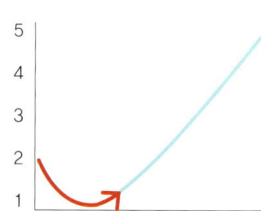

2) 부정부사 不(bù)

(1) 不(bú) + 4성 🎧 00-21

$$不(bù) + 4성 \rightarrow 不(bú) + 4성$$

▶ 중국어의 부정을 나타내는 不(bù)는 4성이다. 그러나 뒤에 4성이 오면 bú(2성)로 바꾸어 발음한다. 이 때, 성조 표기도 함께 2성으로 표기한다.

  예 bú xiè 不谢, bú shì 不是

(2) 不(bù) + 1, 2, 3성   🎧 00-22

$$不(bù) + 1, 2, 3성 \rightarrow 변화\ 없음$$

예 bù xīn 不新, bù cháng 不长, bù hǎo 不好

3) 숫자 一(yī)

(1) 一(yí) + 4성   🎧 00-23

$$一(yī) + 4성 \rightarrow 一(yí) + 4성$$

▶ 숫자 '一'는 yī로 1성이다. 그러나 뒤에 4성이 올 경우, 2성으로 발음하며, 성조 표기도 함께 2성으로 변화시켜 표기한다.

예 yíyàng 一样, yídìng 一定

(2) 一(yì) + 1, 2, 3성   🎧 00-24

$$一(yī) + 1, 2, 3성 \rightarrow 一(yì) + 1, 2, 3성$$

▶ '一'는 4성을 제외한 나머지(1, 2, 3성) 성조가 올 경우, 'yī'는 4성으로 변화시켜 발음하며, 성조 표기도 같이 변화시킨다.

예 yìxīn 一心, yìlián 一连, yìqǐ 一起

(3) 서수 一(yī)   🎧 00-25

▶ '一'가 '첫째, 둘째, 셋째…', '1등, 2등…'과 같이 차례를 헤아리는 서수로 사용된 경우, 원래의 성조인 1성으로 발음한다.

예 dìyī 第一, yībān 一班

4) 격음부호   🎧 00-26

▶ '十二'은 [shí'èr]이다. 중간에 있는 ' ' '은 격음부호이다. 성모 없이 'a', 'o', 'e'로 시작하는 음절이 다른 음절 뒤에 오게 되면, 두 음절을 구분해 주기 위해 사용한다.

예 Tiān'ānmén 天安门, píng'ān 平安

발음 연습 3

① 성조 변화

① 3성의 변화

3성+3성	nǐ hǎo	hěn hǎo	wǒ hěn hǎo	wǒ yě hěn hǎo
3성+1성	kǎoyā	wǎngbā	wǒ māma	shǒujī
3성+2성	cǎoméi	Fǎguó	hěn máng	shuǐpíng
3성+4성	kělè	yǎnjìng	nǐ bàba	hǎokàn

② 不의 변화

☐ bu tīng	☐ bu lái	☐ bu dǒng	☐ bu xiè

③ 一의 변화

☐ yī tiān	☐ yī nián	☐ yī mǐ	☐ yīdìng

8. 중국어의 어순

▶ 중국어의 가장 기본적인 어순은 '주어 + 동사 + 목적어'이다.

	긍정문	부정문 不(동사/형용사 앞에)	의문문 吗(문장 제일 끝에)
나는 차를 마신다.	我喝茶。 Wǒ hē chá.	我不喝茶。 Wǒ bù hē chá.	你喝茶吗? Nǐ hē chá ma?
나는 학생이다.	我是学生。 Wǒ shì xuésheng.	我不是学生。 Wǒ bú shì xuésheng.	你是学生吗? Nǐ shì xuésheng ma?

▶ 의문문에 대한 대답은 가장 간단하게 '是(shì: ~이다. 예/네)', '不(bù: 아니다)'로도 할 수 있다.

발음 연습 4

❷ 가족

yéye
爷爷 할아버지

nǎinai
奶奶 할머니

bàba
爸爸 아빠

māma
妈妈 엄마

jiějie
姐姐 누나(언니)

wǒ
我 나

dìdi
弟弟 남동생

xiōngdìjiěmèi
兄弟姐妹 형제자매

gēge
哥哥 형(오빠)

mèimei
妹妹 여동생

발음 연습 5

❸ 숫자 읽기

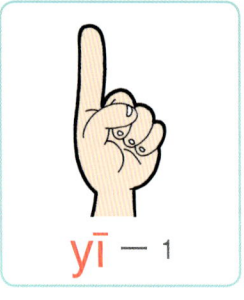
yī 一 1

èr 二 2

sān 三 3

sì 四 4

wǔ 五 5

liù 六 6

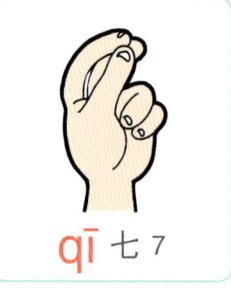
qī 七 7

bā 八 8

jiǔ 九 9

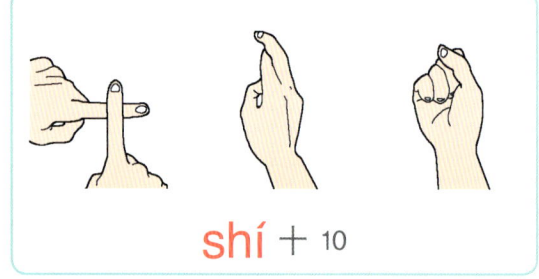
shí 十 10

11	12	13	14	15	16	17	18	19	20
shíyī	shí'èr	shísān	shísì	shíwǔ	shíliù	shíqī	shíbā	shíjiǔ	èrshí
十一	十二	十三	十四	十五	十六	十七	十八	十九	二十

30	40	50	60	70	80	90	100	200	1000
sānshí	sìshí	wǔshí	liùshí	qīshí	bāshí	jiǔshí	yìbǎi	èrbǎi	yìqiān
三十	四十	五十	六十	七十	八十	九十	一百	二百	一千

발음 연습 6

❹ 신체

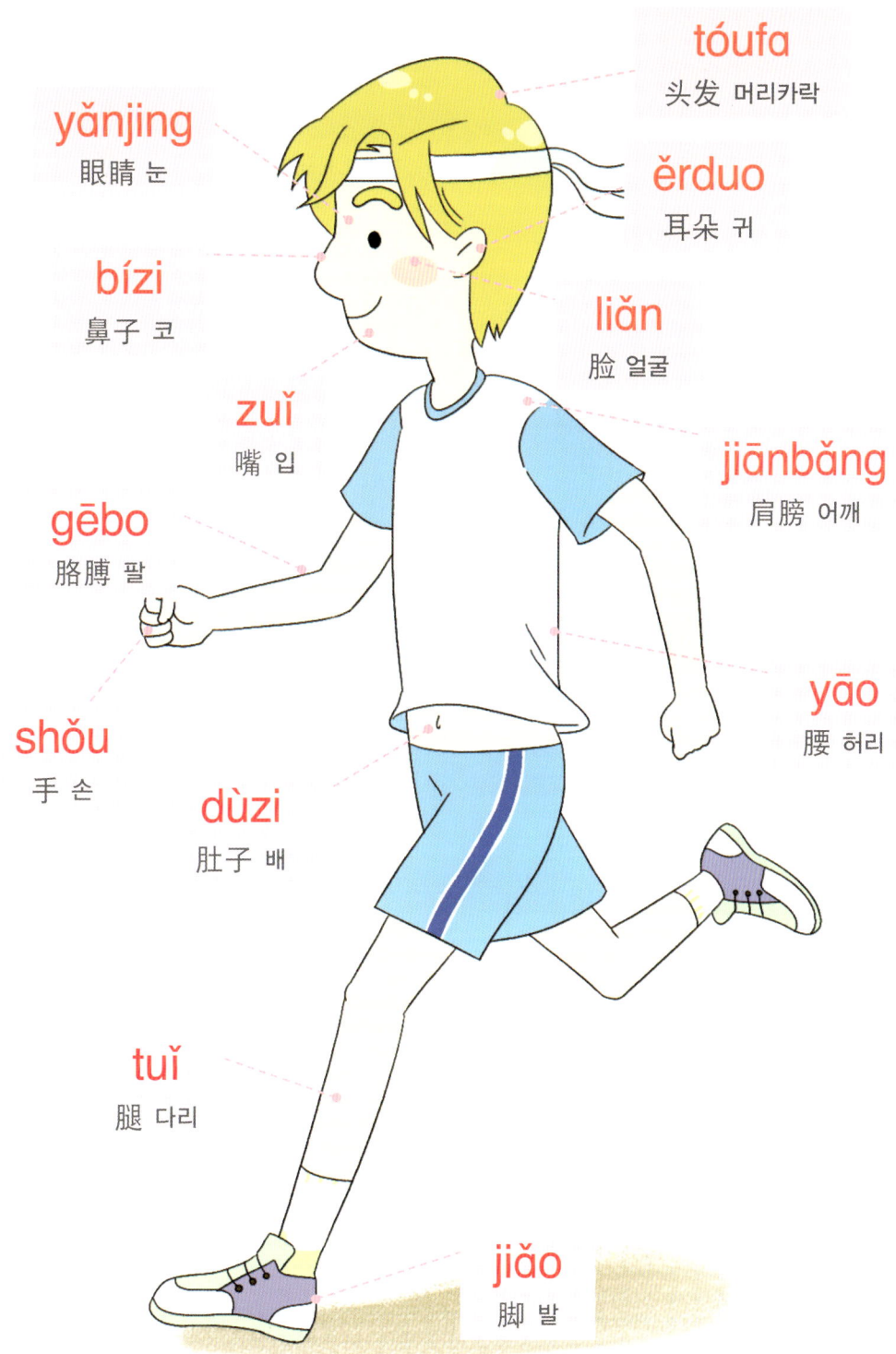

발음 연습 7

5 교실

1 lǎoshī
老师 선생님

2 hēibǎn 黑板 칠판
(白板 **báibǎn**)

3 zhuōzi
桌子 책상

4 yǐzi
椅子 의자

5 shū
书 책

6 tóngxué
同学 동창, 학우

7 xuésheng
学生 학생

8 mén
门 문

9 qiānbǐ
铅笔 연필

10 xiàngpí
橡皮 지우개

발음 연습 8

🎧 00-33

❻ 장소

1 xuéxiào
学校 학교

2 shūdiàn
书店 서점

3 túshūguǎn
图书馆 도서관

4 bàngōnglóu
办公楼 사무실

5 sùshè
宿舍 기숙사

6 yínháng
银行 은행

7 shítáng
食堂 식당

8 diànyǐngyuàn
电影院 영화관

9 shāngdiàn
商店 상점

10 miànbāodiàn
面包店 빵집

11 jiāyóuzhàn
加油站 주유소

12 fúzhuāngdiàn
服装店 옷가게

발음 연습 9　　⑦ 국가

Hánguó
韩国 한국

Zhōngguó
中国 중국

Rìběn
日本 일본

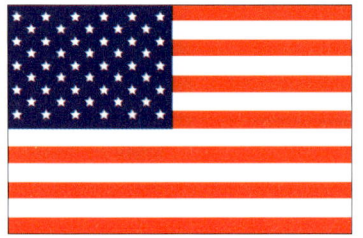
Měiguó
美国 미국

Jiānádà
加拿大 캐나다

Yīngguó
英国 영국

Déguó
德国 독일

Fǎguó
法国 프랑스

Yìdàlì
意大利 이탈리아

Yìndù
印度 인도

Éluósī
俄罗斯 러시아

Bāxī
巴西 브라질

발음 연습 10

8 외래어

Kěkǒukělè
可口可乐 코카콜라

Bìshèngkè
必胜客 피자헛

Màidāngláo
麦当劳 맥도날드

Pàipàisī
派派思 파파이스

Mǐsītèbǐsà
米斯特比萨 미스터피자

Kěndéjī
肯德基 KFC

Bālíbèitián
巴黎贝甜 파리바게트

Duōlèzhīrì
多乐之日 뚜레쥬르

발음 연습 11

❾ 경성

① 1성 + 경성

dōngxi 东西 물건, 사물 **xiānsheng** 先生 선생 **xiūxi** 休息 휴식하다 **yīfu** 衣服 옷

② 2성 + 경성

háizi 孩子 아이 **péngyou** 朋友 친구 **míngzi** 名字 이름 **luóbo** 萝卜 무

③ 3성 + 경성

 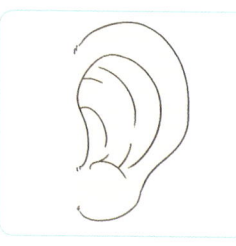 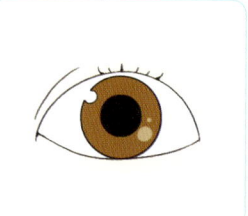 

yǐzi 椅子 의자 **ěrduo** 耳朵 귀 **yǎnjing** 眼睛 눈 **jiǎozi** 饺子 물만두

④ 4성 + 경성

shìzi 柿子 감 **piàoliang** 漂亮 예쁘다 **kùzi** 裤子 바지 **yuèliang** 月亮 달

〈두근두근 중국어1, 2〉 주인공 소개

박해진(朴海镇; 한국인, 21살)

훈내 폴폴~ 외모부터 성격까지 완벽 훈남에, 공부까지 잘하는 한국인 유학생

양도희(梁듀喜; 한국인, 20살)

발랄하고 활달한 성격에, 귀여움은 덤! 한국인 유학생 도희.

장리홍(张丽红; 중국인, 21살)

귀하게 자란 느낌의 참한 중국인 여대생. 공부도 잘하는 범생이!

크리스(克里斯; 미국인, 22살)

해진의 룸메이트로 운동을 좋아하는 말썽꾸러기 같지만 열공하는 착실한 훈남

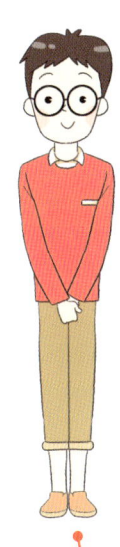

리천(李晨; 중국인, 24살)

조용하고 차분한 성격의 모범생 중국인 대학생. 공부는 내게 맡겨라!

왕 선생님(王老师; 중국인, 50살)

한없이 인자하신 대외한어과 선생님. 30년의 나이차이를 무색하게 하는 훌륭한 중국어 친구!

1 과

你好！
Nǐ hǎo!

안녕하세요!

기본문장

1. **你好！**
   Nǐ hǎo!
   안녕하세요!

2. **再见！**
   Zàijiàn!
   또 만나! / 잘 가!

3. **我很好！**
   Wǒ hěn hǎo!
   나는 잘 지내!

Key Point

인사말

동사 见

형용사 서술어문

새로 나온 단어 🎧 01-1

☐ 老师	lǎoshī	명	선생님, 스승
☐ 您	nín	대	당신, '你'의 존칭
☐ 好	hǎo	형	좋다, 훌륭하다, 안녕하다, (몸이) 건강하다
☐ 你	nǐ	대	너, 자네, 당신
☐ 再见	zàijiàn	동	(인사말로) 또 뵙겠습니다, 안녕히 계십시오(가십시오)

※ 再 zài 부 또, 다시 | 见 jiàn 동 만나다

☐ 明天	míngtiān	명	내일
☐ 吗	ma	조	문장 끝에 쓰여 의문의 어기를 나타냄
☐ 我	wǒ	대	나, 저
☐ 很	hěn	부	매우, 아주
☐ 最近	zuìjìn	명	최근, 요즘
☐ 忙	máng	형	바쁘다
☐ 不	bù	부	아니다 [동사, 형용사 또는 기타 부사 앞에서 부정을 나타냄]
■ 梁导喜	Liáng Dǎoxǐ	인명	양도희
■ 朴海镇	Piáo Hǎizhèn	인명	박해진

기본문장 알기

🎧 01-2

1 你好!

Nǐ hǎo! ▶ 안녕하세요!

Key Point 인사말

형용사 '好'는 '좋다'라는 뜻이다. 인사말에 쓰일 때는 한국어의 '안녕하다, 건강하다'에 해당한다.

사람 + 好	시간 + 好
老师好! 선생님 안녕하세요! Lǎoshī hǎo!	早上好!/早! 안녕하세요!(아침인사) Zǎoshang hǎo! / Zǎo!

문장 활용하기

您
大家   +   好!
早上
晚上

Tip!

중국어의 인칭대명사는 다음과 같다.

	단수	복수
1인칭	我 wǒ 대 나	我们 wǒmen 대 우리(들)
2인칭	你 nǐ 대 너 / 您 nín 대 당신('你'의 높임말)	你们 nǐmen 대 너희들, 당신들
3인칭	他 tā 대 그, 그 사람	他们 tāmen 대 그들, 그 사람들
	她 tā 대 그녀, 그 여자	她们 tāmen 대 그녀들, 그 여자들
	它 tā 대 그것	它们 tāmen 대 그것들

 早上 zǎoshang 명 아침 / 大家 dàjiā 대 여러분, 모두, 다들 / 晚上 wǎnshang 명 저녁

2. 再见!

🎧 01-3

Zàijiàn! ▶ 또 만나! / 잘 가!

Key Point 동사 见

'再'는 '또, 다시'라는 뜻이고 '见'은 '만나다'라는 뜻이다. 따라서 '再见'은 '또 만나요'라는 뜻으로 헤어질 때 하는 인사말이다.

기본 형식 시간 + 见

- 明天见。 Míngtiān jiàn. ▶ 내일 만나.
- 明天晚上见。 Míngtiān wǎnshang jiàn. ▶ 내일 저녁에 만나.

문장 활용하기

明天
早上
晚上
明天晚上

+ 见!

Tip!

'再见' 외에도 헤어질 때 하는 인사말이 있다. 예를 들어, 주인이 손님에게 '살펴가세요'라는 뜻으로 '请慢走。(Qǐng mànzǒu.)'라고 말하면 손님은 주인에게 '나오지 마세요'라는 뜻으로 '请留步。(Qǐng liúbù.)'라고 말한다.

🎧 01-4

3 我很好！

Wǒ hěn hǎo! ▶ 나는 잘 지내!

Key Point 형용사 서술어문

중국어의 형용사는 한국어의 형용사와 마찬가지로 문장에서 서술어로 쓰일 수 있다. 형용사가 문장의 서술어로 쓰인 문장을 형용사 서술어문이라고 한다. 일반적으로 긍정문에서는 형용사 앞에 부사 '很'을 붙여 '很 + 형용사'의 형식으로 사용한다.

긍정문	我很好。 Wǒ hěn hǎo. 나는 잘 지내.
부정문	我不好。 Wǒ bù hǎo. 나는 잘 지내지 못해.
의문문	你好吗? Nǐ hǎo ma? 너는 잘 지내?

문장 활용하기

Tip!

'吗'는 의문을 나타내는 어기조사이다. '你好吗? (너는 잘 지내?)'는 안부를 묻는 인사말로, '我很好。(나는 잘 지내.)', '我不好。(나는 잘 지내지 못해.)', '我还可以。(Wǒ hái kěyǐ.) (나는 그럭저럭 잘 지내.)' 등으로 대답을 해야 하며 초면에는 사용할 수 없다.

 累 lèi 형 지치다, 피곤하다 / 饿 è 형 배고프다

梁导喜　老师，您好！
　　　　Lǎoshī, nín hǎo!

王老师　你好！❶
　　　　Nǐ hǎo!

본문 익히기 2

🎧 01-6

梁导喜, 朴海镇　老师, 再见!❷
　　　　　　　　Lǎoshī, zàijiàn!

▶ 上午 shàngwǔ 오전
　中午 zhōngwǔ 점심
　下午 xiàwǔ 오후

王老师　　　　　明天见!
　　　　　　　　Míngtiān jiàn!

본문 익히기 3

🎧 01-7

朴海镇　你好吗?
　　　　Nǐ hǎo ma?

梁导喜　我很好!❸
　　　　Wǒ hěn hǎo!

朴海镇　最近你忙吗?
　　　　Zuìjìn nǐ máng ma?

> 시간부사는 문장 앞 또는 주어 뒤에 출현할 수 있다.
> 예 最近你好吗?　요즘 당신은 잘 지냅니까?
> 　　Zuìjìn nǐ hǎo ma?
> 　　你最近好吗?　당신은 요즘 잘 지냅니까?
> 　　Nǐ zuìjìn hǎo ma?

梁导喜　最近我不忙。
　　　　Zuìjìn wǒ bù máng.

연습문제

1. 병음을 보고 밑줄 친 부분에 알맞은 표현을 써넣어 대화문을 완성해 보세요.

❶ A 老师，(nín hǎo) _____ !

　B (Nǐ hǎo) _____ !

❷ A 老师，(zàijiàn) _____ !

　B (Míngtiān jiàn) _____ !

❸ A 你好吗？

　B 我 (hěn hǎo) _____ 。

2. 틀린 부분을 바르게 고쳐 보세요.

❶ 我好不。 나는 잘 지내지 못해.

→ _____

❷ 我好吗？ 너는 잘 지내?

→ _____

❸ 见明天。 내일 만나.

→ _____

❹ 我很忙最近。 요즘 나는 매우 바빠.

→ _____

연습문제

3. 제시된 단어를 어순에 맞게 배열해 보세요.

❶ 见 / 老 / 师 / 再   선생님, 안녕히 가세요!

→ _____

❷ 忙 / 我 / 不   나는 안 바빠.

→ _____

❸ 吗 / 你 / 明天 / 忙   너는 내일 바빠?

→ _____

❹ 我 / 忙 / 不 / 最近   요즘 나는 안 바빠.

→ _____

4. 아래 상황에 맞게 알맞은 중국어 표현을 말해 보세요.

❶ 안녕? 너는 요즘 바빠?

→ _____

❷ 나는 아주 바빠. 내일 만나!

→ _____

ALL ABOUT CHINA!

중국인들의 다양한 인사말

　중국인들은 사람을 만나게 되면 '안녕하세요?'라는 인사말을 일반적으로 '你好！Nǐ hǎo!', '您好！Nín hǎo!'라고 말하며, '早上好！Zǎoshang hǎo!', '晚上好！Wǎnshang hǎo!' 등 시간대별로 다른 표현을 사용하기도 합니다. 상대방과 상황에 따라 조금씩 다른 인사말을 사용하기도 하는데, 식사시간에 아는 사람을 만나게 되면 '밥 먹었어요?'라는 의미로 '吃饭了吗? Chīfàn le ma?', '吃了吗? Chī le ma?', '吃了没? Chī le méi?'라고 인사하고, 또는 상황에 따라 '上课去啊? Shàngkè qù a?(수업 들으러 가요?)', '上班去啊? Shàngbān qù a?(출근해요?)', '下班啊? Xiàbān a?(퇴근해요?)'라고 인사를 하기도 합니다. 만일 행선지를 모를 경우 '上哪儿去? Shàng nǎr qù?(어디 가세요?)', '出去啊? Chūqu a?(외출해요?)'라고 인사를 하기도 합니다. 이러한 의문형식으로 된 표현들은 구체적인 답을 얻고자 하는 것이 아닌, 단순히 인사를 하려고 하는 말이지만 중국문화에 대해 잘 모르는 서양인들에게 사용했을 경우 왜 갑자기 내 사생활을 물을까 하는 오해의 소지도 있을 수 있습니다.

　헤어질 때에는 '再见。Zàijiàn.'을 주로 씁니다. 집에 초대했던 손님이 떠날 경우 '조심히 가세요' 또는 '살펴가세요'라는 의미로 '走好。Zǒuhǎo.', '请慢走。Qǐng mànzǒu.'라는 표현을 쓰고, 손님이 주인에게 '나오지 마세요'의 의미로 '不用送了。Búyòng sòng le.', '请留步。Qǐng liúbù.'라고 표현합니다.

　부탁할 때에는 앞에 '请 qǐng'자를 붙여 '请问。Qǐngwèn.(말씀 좀 여쭐게요.)', '请坐。Qǐng zuò.(앉으세요.)', '请说。Qǐng shuō.(말씀해 주세요.)' 등과 같이 표현하고 '麻烦你。Máfan nǐ.(불편하게 해드리네요.)', '有劳您。Yǒuláo nín.(수고롭게 해드리네요.)', '拜托。Bàituō.(부탁드립니다.)' 등의 다양한 표현도 쓸 수 있습니다.

　사과할 때의 가장 기본표현은 '对不起。Duìbuqǐ.', '不好意思。Bùhǎoyìsi', '很抱歉。Hěn bàoqiàn.'이 있으며, 그 외 더 다양한 표현으로는 '真过意不去。Zhēn guòyì búqù.(정말 송구스럽습니다.)', '失礼了。Shīlǐ le.(실례합니다.)', '请原谅。Qǐng yuánliàng.(용서해 주세요.)' 등이 있습니다.

2 과

我是学生。
Wǒ shì xuésheng.

나는 학생이야.

기본문장

1. 我是学生。
   Wǒ shì xuésheng.
   나는 학생이야.

2. 这是汉语书吗?
   Zhè shì Hànyǔ shū ma?
   이것은 중국어 책인가요?

3. 那是什么?
   Nà shì shénme?
   저것은 무엇인가요?

Key Point

동사 是

지시대명사 这/那

의문사 什么

새로 나온 단어 🎧 02-1

- 是 shì 동 ~이다, ~입니다
- 学生 xuésheng 명 학생
- 呢 ne 조 ~는? [문장 뒤에서 생략의문문을 만듦]
- 也 yě 부 ~도, 또
- 请问 qǐngwèn 동 말씀 좀 여쭙겠습니다
  ※ 请 qǐng 동 청하다, 부탁하다 | 问 wèn 동 묻다, 질문하다
- 这 zhè 대 이, 이것
- 汉语书 Hànyǔ shū 명 중국어 책
  ※ 汉语 Hànyǔ 명 중국어 | 书 shū 명 책
- 服务员 fúwùyuán 명 (서비스 직종의) 종업원
- 不是 bú shì 동 ~이 아니다
- 词典 cídiǎn 명 사전
- 那 nà 대 그, 그것, 저, 저것
- 什么 shénme 대 무슨, 무엇
- 谢谢 xièxie 동 감사합니다, 고맙습니다
- 不客气 bú kèqi 괜찮습니다, 별말씀을요
  ※ 客气 kèqi 형 예의를 차리다
- 朋友 péngyou 명 친구
- 他 tā 대 그, 그 사람
  ↔ 她 tā 대 그녀
- 克里斯 Kèlǐsī 인명 크리스

기본문장 알기

🎧 02-2

1 我是学生。

Wǒ shì xuésheng. ▶ 나는 학생이야.

Key Point 동사 是

동사 '是'는 한국어 '~이다/입니다'에 해당하는데, 주로 앞뒤에 출현하는 A와 B의 관계를 설명해준다. '是'가 구성하는 문장 유형은 다음과 같다.

긍정문	我是学生。 Wǒ shì xuésheng.	나는 학생이야.
부정문	我不是学生。 Wǒ bú shì xuésheng.	나는 학생이 아니야.
의문문	你是学生吗? Nǐ shì xuésheng ma?	너는 학생이야?

문장 활용하기

'是'의 부정형은 '不是(bú shì)'이며, '不(bù)'는 4성인 '是(shì)'과 함께 사용되어 2성으로 변환된다. 또한 동사 '是'가 질문에 대한 대답으로 사용될 경우, 한국어의 '네'에 해당한다.

🎧 02-3

2 这是汉语书吗?

Zhè shì Hànyǔ shū ma? ▶ 이것은 중국어 책인가요?

Key Point 지시대명사 这/那

'这'와 '那'는 지시대명사이다. '这'는 한국어 '이/이것/이 사람/이 곳'에 해당하여 가까이 있는 것을 지시할 때 사용하며, '那'는 한국어의 '그/그것/그 사람/그 곳, 저/저것/저 사람/저 곳'에 해당하여 멀리 있는 것을 지시할 때 사용한다.

	这 이, 이것(가까운 것을 가리킴)	那 그것, 저것(멀리 있는 것을 가리킴)
긍정문	这是汉语书。Zhè shì Hànyǔ shū. 이것은 중국어 책이야.	那是词典。Nà shì cídiǎn. 저것은 사전이야.
부정문	这不是汉语书。Zhè bú shì Hànyǔ shū. 이것은 중국어 책이 아니야.	那不是词典。Nà bú shì cídiǎn. 저것은 사전이 아니야.
의문문	这是汉语书吗? Zhè shì Hànyǔ shū ma? 이것은 중국어 책이야?	那是词典吗? Nà shì cídiǎn ma? 저것은 사전이야?

문장 활용하기

这/那 + 是 + 书。/ 词典。/ 我朋友。/ 学校。

Tip! '这'는 영어의 'this', '那'는 영어의 'that'과 같이 사물과 사람에 모두 사용 가능하다.

 学校 xuéxiào 명 학교

🎧 02-4

3 那是什么？

Nà shì shénme? ▶ 저것은 무엇인가요?

Key Point 의문사 什么

① 의문사 '什么'는 한국어의 '무엇, 무슨'에 해당하며, 주로 사물을 물을 때 사용한다.

질문	这是什么? Zhè shì shénme? 이것은 무엇인가요?	那是什么? Nà shì shénme? 저것은 무엇인가요?
대답	这是书。 Zhè shì shū. 이것은 책이에요.	那是汉语词典。 Nà shì Hànyǔ cídiǎn. 저것은 중국어 사전이에요.

② 의문사가 사용된 의문문은 '吗'와 함께 사용될 수 없다.

예문 (X) 这是什么吗? Zhè shì shénme ma? 이것은 무엇인가요?

문장 활용하기

 + +

这/那 + 是 + 什么?

중국어의 대표적인 의문사에는 다음과 같은 것이 있으며, 의문사 의문문은 '吗'와 함께 사용하지 않는다.

의문사		질문	대답
사물	什么	这是什么?	这是书。
	哪	你是哪国人?	我是韩国人。
사람	谁	他是谁?	他是我弟弟。
장소	哪儿	你在哪儿?	我在图书馆。

본문 익히기

🎧 02-5

梁导喜　你好！你是学生吗？
　　　　Nǐ hǎo!　　Nǐ shì xuésheng ma?

克里斯　是，我是学生。❶ 你呢？
　　　　Shì, wǒ shì xuésheng.　　Nǐ ne?

梁导喜　我也是学生。
　　　　Wǒ yě shì xuésheng.

'也'는 부사 '~도, 또'의 뜻이며, 서술어(동사/형용사) 앞에 위치한다.

본문 익히기 2

🎧 02-6

克里斯 请问，这是汉语书吗？❷
　　　　Qǐngwèn, zhè shì Hànyǔ shū ma?

服务员 不是，这是汉语词典。
　　　　Bú shì, zhè shì Hànyǔ cídiǎn.

克里斯 那是什么？❸
　　　　Nà shì shénme?

服务员 那也是汉语词典。
　　　　Nà yě shì Hànyǔ cídiǎn.

> 감사와 사과의 표현은 다음과 같다.
> (1) 감사의 표현
> A: 谢谢！ Xièxie! 감사합니다!
> B: 不用谢！ Bú yòng xiè! 별말씀을요!
> (2) 사과의 표현
> A: 对不起！ Duìbuqǐ! 미안합니다!
> B: 没关系！ Méi guānxi! 괜찮습니다!

克里斯 谢谢！
　　　　Xièxie!

服务员 不客气！
　　　　Bú kèqi!

02 我是学生。나는 학생이야.

본문 익히기 3

🎧 02-7

你好！我是梁导喜。我是学生。
Nǐ hǎo! Wǒ shì Liáng Dǎoxǐ. Wǒ shì xuésheng.

这是我朋友。他也是学生。
Zhè shì wǒ péngyou. Tā yě shì xuésheng.

✏️ 본문을 참조하여 자신의 상황에 맞게 중국어로 서술하세요.

你好！我是 _____ 。我是 _____ 。

这是 _____ 。他(她)是 _____ 。

연습문제

1. 병음을 보고 밑줄 친 부분에 알맞은 표현을 써넣어 대화문을 완성해 보세요.

❶ A 你好！你是学生吗？

　　B 是，(wǒ shì xuésheng) _____！

❷ A 这是汉语词典吗？

　　B 是，(zhè) _____ 是汉语词典。

❸ A (Nà shì shénme) _____？

　　B 那也是汉语词典。

2. 틀린 부분을 바르게 고쳐 보세요.

❶ 这我朋友。 이 사람은 내 친구야.

→ _____

❷ 那是汉语书不。 저것은 중국어 책이 아니야.

→ _____

❸ 这是也汉语词典。 이것도 중국어 사전이야.

→ _____

❹ 那是什么吗？ 저것은 무엇인가요?

→ _____

연습문제

3. 제시된 단어를 어순에 맞게 배열해 보세요.

❶ 是 / 我 / 不 / 服务员   나는 종업원이 아니야.

→ _____

❷ 是 / 他 / 学生 / 也   그도 학생이야.

→ _____

❸ 是 / 我 / 老师 / 朋友 / 汉语   내 친구는 중국어 선생님이야.

→ _____

❹ 是 / 那 / 词典 / 不 / 也 / 汉语   그것도 중국어 사전이 아니야.

→ _____

4. 아래 상황에 맞게 알맞은 중국어 표현을 말해 보세요.

❶ 그는 내 친구다. 내 친구는 선생님이다. 그는 요즘 매우 바쁘다.

→ _____

_____

❷ 이것은 중국어 사전이다. 저것도 중국어 사전이다.

→ _____

_____

ALL ABOUT CHINA!

중국 20대의 대학생활

중국의 고등학생들은 매년 6월 대학입학시험 '까오카오(高考 Gāokǎo)'를 치르고 대학에 입학하게 됩니다. 이 까오카오는 915만 명 이상이 동시에 보는(2015년 기준) 대규모 시험으로 인구가 많은 만큼 어마어마한 경쟁률을 자랑하지요. 수험생과 학부모들의 열기도 뜨거워 '没经历过高考的人，没有完整的人生。Méi jīngli guo Gāokǎo de rén, méiyǒu wánzhěng de rénshēng. (까오카오를 겪어보지 않은 사람은 인생이 완벽하지 않다.)', '一考定终生。Yì kǎo dìng zhōngshēng. (한 번의 시험으로 인생이 결정된다.)'이라는 말까지 생겨나게 되었습니다.

나는 꼭 북경대학에 갈거야!

이렇게 까오카오를 치르고 당당하게 대학에 입학한 중국의 젊은이들은 고등학교 때와는 사뭇 다른 경험을 하게 되는데, 바로 학생들은 물론 교수님, 교직원까지도 모두 기숙사(宿舍 sùshè)와 학교 안에 마련된 아파트(公寓 gōngyù)에서 생활을 하게 된다는 점입니다.

청화대학 기숙사 건물

학생 기숙사는 6인 1실 또는 4인 1실이 보편적이며, 대학원생의 경우 2인 1실 또는 1인 1실을 사용합니다. 중국에서는 선후배 사이라 하더라도 한국의 선배·후배에 해당하는 사형(师兄 shīxiōng/师姐 shījiě), 사제(师弟 shīdì/师妹 shīmèi)라는 호칭을 사용하기보다는 서로의 이름을 부릅니다(대만의 경우는 '学姐 xuéjiě', '学妹 xuémèi', '学长 xuézhǎng', '学弟 xuédì'라고 부름).

또 교수님(教授 jiàoshòu)이라는 호칭보다는 선생님(老师 lǎoshī)을 사용하며, 중국학생들도 우리처럼 다양한 동아리(社团 shètuán) 활동을 통해 친목을 도모하고, 졸업 후에는 동문회에 해당하는 학우회(学友会 xuéyǒuhuì)에 참여하기도 합니다.

1인 1실 기숙사

4인 1실 기숙사

3 과

我叫朴海镇。
Wǒ jiào Piáo Hǎizhèn.

나는 박해진이라고 불러.

기본문장

1. **你叫什么名字?**
   Nǐ jiào shénme míngzi?
   네 이름은 무엇이야?

2. **认识你，很高兴。**
   Rènshi nǐ, hěn gāoxìng.
   너를 알게 되어 매우 기뻐.

3. **你是哪国人?**
   Nǐ shì nǎ guó rén?
   너는 어느 나라 사람이야?

Key Point

이름 묻고 답하기

동사 认识

의문사 哪

새로 나온 단어 🎧 03-1

☐ 叫	jiào	동	(~라고) 하다, 부르다, 불리다
☐ 名字	míngzi	명	성과 이름, 성명
☐ 姓	xìng	동	~을(를) 성으로 삼다, 성이 ~이다
☐ 认识	rènshi	동	알다, 인식하다
☐ 高兴	gāoxìng	형	기쁘다, 즐겁다, 좋아하다
☐ 哪国人	nǎ guó rén		어느 나라 사람

※ 哪 nǎ 대 어느 | 国 guó 명 국가, 나라 | 人 rén 명 사람, 인간

☐ 中国人	Zhōngguórén	명	중국인, 중국사람
☐ 韩国人	Hánguórén	명	한국인, 한국사람
☐ 对	duì	형	맞다, 옳다, 정확하다
☐ 我们	wǒmen	대	우리(들)
☐ 都	dōu	부	모두, 다
☐ 留学生	liúxuéshēng	명	유학생
■ 张丽红	Zhāng Lìhóng	인명	장려홍, 장리훙

기본문장 알기

🎧 03-2

1 你叫什么名字?

Nǐ jiào shénme míngzi? ▶ 네 이름은 무엇이야?

Key Point 이름 묻고 답하기

동사 '叫'는 한국어 '~라고 부르다'에 해당한다. '你叫什么名字?'는 '당신은 무슨 이름으로 불리나요?'의 뜻으로 이름을 묻는 표현이다.

예문
- A 你叫什么名字? Nǐ jiào shénme míngzi? 네 이름은 무엇이야?
- B 我叫朴海镇。 Wǒ jiào Piáo Hǎizhèn. 나는 박해진이라고 불러.

문장 활용하기

你
他
你朋友   ＋ 叫 ＋ 什么名字?
汉语老师

'你叫什么名字?' 외에도 다음과 같이 이름을 묻고 답할 수 있다.

	이름을 물어보는 표현	대답
동년배 또는 나이가 적은 사람에게	你叫什么名字? Nǐ jiào shénme míngzi? 네 이름은 무엇이야?	* 我叫朴海镇。 Wǒ jiào Piáo Hǎizhèn. 나는 박해진이라고 불러.
	你叫什么? Nǐ jiào shénme? 네 이름은 무엇이야?	* 我姓朴，(名字)叫海镇。 Wǒ xìng Piáo, (míngzi) jiào Hǎizhèn. 나는 성은 박이고, (이름은) 해진이라고 불러.
	你姓什么? Nǐ xìng shénme? 네 성은 무엇이야?	* 我姓朴。 Wǒ xìng Piáo. 나의 성은 박이야.

03 我叫朴海镇。나는 박해진이라고 불러. 63

	이름을 물어보는 표현	대답
나이가 많은 사람 (정중한 표현)	您贵姓? Nín guì xìng? 성함(존함)이 어떻게 되시나요? 您怎么称呼? Nín zěnme chēnghu? 성함(존함)이 어떻게 되시나요?	* 我姓朴。 / 免贵姓朴。 Wǒ xìng Piáo. / Miǎn guì xìng Piáo. 저는 박 씨입니다. * 我叫朴海镇。 Wǒ jiào Piáo Hǎizhèn. 저는 박해진이라고 부릅니다.

단어 称呼 chēnghu 동 ~(이)라고 부르다 / 免贵姓 miǎn guì xìng 귀한 성이 아니다(본인의 성을 낮추는 말)

2. 认识你，很高兴。

Rènshi nǐ, hěn gāoxìng. ▶ 너를 알게 되어 매우 기뻐.

Key Point 동사 认识

동사 '认识'는 '알다'라는 뜻이다. 주로 사람을 만나서 알게 되었을 때 사용한다.

기본 형식 A + 认识 + B

- 我认识你。 Wǒ rènshi nǐ.　　　　▶ 나는 너를 알아.

문장 활용하기

我 + 认识 + 你。
他。
克里斯。
王老师。

64

3. 你是哪国人?

Nǐ shì nǎ guó rén? ▶ 너는 어느 나라 사람이야?

Key Point 의문사 哪

'哪'는 '어느'라는 뜻으로 여러 개 가운데 어느 것인지 물을 때 사용하는 의문사이다. 국적을 묻고자 할 때에는 '哪'를 사용해 다음과 같이 질문한다.

예문
- A 你是哪国人? Nǐ shì nǎ guó rén? 너는 어느 나라 사람이야?
- B 我是中国人。 Wǒ shì Zhōngguórén. 나는 중국사람이야.

문장 활용하기

| 你 / 他 / 你朋友 / 老师 | + 是 + | 哪国人? |

Tip!

나라 이름은 일반적으로 음역을 한다.

巴西 Bāxī 브라질 西班牙 Xībānyá 스페인
比利时 Bǐlìshí 벨기에 俄罗斯 Éluósī 러시아
澳大利亚 Àodàlìyà 오스트레일리아 墨西哥 Mòxīgē 멕시코

본문 익히기 1

🎧 03-5

张丽红　你叫什么名字？❶
　　　　Nǐ jiào shénme míngzi?

> '什么+명사'는 '무슨(어떤) ~'의 뜻이다.
> 예) 什么名字 shénme míngzi 무슨 이름
> 　　什么书 shénme shū 무슨 책
> 　　什么词典 shénme cídiǎn 무슨 사전

朴海镇　我叫朴海镇。你呢？
　　　　Wǒ jiào Piáo Hǎizhèn. Nǐ ne?

张丽红　我姓张，叫丽红。
　　　　Wǒ xìng Zhāng, jiào Lìhóng.

朴海镇　认识你，很高兴。❷
　　　　Rènshi nǐ, hěn gāoxìng.

张丽红　认识你，我也很高兴。
　　　　Rènshi nǐ, wǒ yě hěn gāoxìng.

본문 익히기 2

🎧 03-6

朴海镇　你好！这是我朋友，她叫梁导喜。
　　　　Nǐ hǎo! Zhè shì wǒ péngyou, tā jiào Liáng Dǎoxǐ.

张丽红　你好，导喜！我叫张丽红。
　　　　Nǐ hǎo, Dǎoxǐ! Wǒ jiào Zhāng Lìhóng.

梁导喜　你好！你是哪国人？❸
　　　　Nǐ hǎo! Nǐ shì nǎ guó rén?

张丽红　我是中国人。你也是韩国人吗？
　　　　Wǒ shì Zhōngguórén. Nǐ yě shì Hánguórén ma?

梁导喜　对，我们都是韩国人。
　　　　Duì, wǒmen dōu shì Hánguórén.

'맞다, 옳다'의 뜻으로 대답할 때 쓰인다.

03 我叫朴海镇。나는 박해진이라고 불러. 67

본문 익히기 3

🎧 03-7

我叫朴海镇，是韩国人。这是我朋友。
Wǒ jiào Piáo Hǎizhèn, shì Hánguórén. Zhè shì wǒ péngyou.

她叫梁导喜。她也是韩国人。我们都是留学生。
Tā jiào Liáng Dǎoxǐ. Tā yě shì Hánguórén. Wǒmen dōu shì liúxuéshēng.

✏️ 본문을 참조하여 자신의 상황에 맞게 중국어로 서술하세요.

我叫 _____，是 _____。

这是我朋友。他(她)叫 _____。他(她)也

是 _____。我们都是 _____。

연습문제

1. 병음을 보고 밑줄 친 부분에 알맞은 표현을 써넣어 대화문을 완성해 보세요.

   ❶ A 你叫 (shénme míngzi) _____ ?

      B 我叫 (Piáo Hǎizhèn) _____ 。

   ❷ A 认识你，(hěn gāoxìng) _____ 。

      B 认识你，(wǒ yě hěn gāoxìng) _____ 。

   ❸ A 你是 (nǎ guó rén) _____ ?

      B 我是 (Zhōngguórén) _____ 。

2. 틀린 부분을 바르게 고쳐 보세요.

   ❶ 你叫什么名字吗? 네 이름은 무엇이야?

   → _____

   ❷ 你哪国人? 너는 어느 나라 사람이야?

   → _____

   ❸ 认识你，高兴! 너를 알게 되어 매우 기뻐!

   → _____

   ❹ 我们留学生都是。 우리는 모두 유학생이야.

   → _____

연습문제

3. 제시된 단어를 어순에 맞게 배열해 보세요.

❶ 也 / 她 / 韩国人 / 是   그녀도 한국사람이야.

→ _____

❷ 名字 / 朋友 / 你 / 什么 / 叫   네 친구의 이름은 무엇이야?

→ _____

❸ 姓 / 叫 / 梁 / 导喜 / 我   내 성은 양 씨이고, 도희라고 불러.

→ _____

❹ 你 / 我 / 很 / 认识 / 高兴 / 也   너를 알게 되어 나도 매우 기뻐.

→ _____

4. 아래 상황에 맞게 알맞은 중국어 표현을 말해 보세요.

❶ 나는 박해진이라고 부른다. 너를 알게 되어 매우 기쁘다.

→ _____

❷ 그녀도 한국사람이다. 우리는 모두 유학생이다.

→ _____

ALL ABOUT CHINA!

중국의 존댓말

많은 사람들이 중국은 유교의 발원지이지만 존댓말이 별로 없는 것으로 알고 있습니다. 예를 들어 '你 nǐ(너)'의 존댓말은 '您 nín(당신)'이고, 높여야 할 상대방이 세 명이면 '您三位 nín sān wèi'라고 하며, 부탁을 할 때에는 동사 앞에 높임을 나타내는 '请 qǐng'을 붙여 '请喝茶。Qǐng hē chá.(차 드세요.)', '请原谅。Qǐng yuánliàng.(용서해 주세요.)' 등과 같이 사용한다는 것 정도로만 말입니다.

그러나 중국은 역사가 유구한 예의지국으로, 중국어에는 많은 존댓말들이 있다는 것을 알아둘 필요가 있습니다. 예를 들어 상대방의 이름을 물을 때, '您贵姓? Nín guì xìng?', '请问尊姓大名? Qǐngwèn zūnxìng dàmíng?', '请问芳名? Qǐngwèn fāngmíng?'이라는 표현을 써서 상대방에 대한 예의를 갖추는데, 앞의 두 표현은 연세가 많은 사람이나 처음 만나는 사람에게 쓰는 표현이며 마지막의 표현은 젊은 여성에게 쓰는 표현이라고 보면 됩니다. 또한 노인의 연세를 물을 때는 '高寿 gāoshòu', '贵庚 guìgēng'이라는 높임말을 사용하지만 젊은 여성에게는 '芳龄 fānglíng'이라는 표현을 사용하여 상대방에 대한 예의를 갖추기도 합니다. 이처럼 중국어의 존댓말은 단지 그 표현들이 대부분 어휘로 나타난다는 것이 한국어와 다를 뿐이지 엄연히 존재한다는 사실을 알아두고 활용해보세요.

그 밖에도 다음과 같은 표현들이 있습니다. 상대방 가족의 호칭에 '令 lìng'을 사용하는 존댓말로, '令尊 lìngzūn(상대방의 아버님)', '令堂 lìngtáng(상대방의 어머님)', '令兄 lìngxiōng(상대방의 형님)', '令妹 lìngmèi(상대방의 누이동생)', '令郎 lìngláng(상대방의 아드님)', '令爱 lìng'ài(상대방의 따님)'가 있고, 상대방에 대한 공경을 나타내는 존댓말에는 '拜访 bàifǎng(삼가 방문하다)', '拜托 bàituō(삼가 부탁드리다)', '恭候 gōnghòu(삼가 기다리다)', '敬祝 jìngzhù(경축하다)'등이 있습니다. 상대방의 행위에 대한 존댓말로는 '光临 guānglín(찾아주시다)', '惠顾 huìgù(보살펴주시다)', '惠赠 huìzèng(증정하시다)', '垂询 chuíxún(하문하시다)', '赐教 cìjiào(가르침을 내려주시다)'
가 있습니다.

4 과

我在学校。
Wǒ zài xuéxiào.

나는 학교에 있어.

기본문장

1. **你在哪儿?**
   Nǐ zài nǎr?
   너는 어디에 있어?

2. **你做什么?**
   Nǐ zuò shénme?
   너는 무엇을 하니?

3. **我在家看电视。**
   Wǒ zài jiā kàn diànshì.
   나는 집에서 텔레비전을 봐.

Key Point

동사 在
의문사 哪儿
동사 做
개사 在

새로 나온 단어 🎧 04-1

☐ 在	zài	동	~에 있다
		개	~에서 [장소를 나타냄]
☐ 哪儿	nǎr	대	어디
☐ 学校	xuéxiào	명	학교
☐ 家	jiā	명	집
☐ 做	zuò	동	~을 하다
☐ 学习	xuéxí	동	학습하다, 공부하다, 배우다
☐ 图书馆	túshūguǎn	명	도서관
☐ 看	kàn	동	보다
☐ 电视	diànshì	명	TV, 텔레비전
☐ 作业	zuòyè	명	숙제
☐ 现在	xiànzài	부	현재, 지금
☐ 李晨	Lǐ Chén	인명	이신, 리천

기본문장 알기

1 04-2

你在哪儿？

Nǐ zài nǎr? ▶ 너는 어디에 있어?

Key Point 1 동사 在

'在'는 한국어 '~에 있다'에 해당하는 동사로 존재를 나타내며, '在 + 장소' 형태로 사용된다.

긍정문	我在家。Wǒ zài jiā. 나는 집에 있어.
부정문	我不在家。Wǒ bú zài jiā. 나는 집에 있지 않아.
의문문	你在家吗？Nǐ zài jiā ma? 너는 집에 있어?

문장 활용하기

我
他   + 在 +   学校。
我家   医院。
我朋友   首尔。
                 图书馆。

Key Point 2 의문사 哪儿

'哪儿'은 한국어 '어디'에 해당하며, 장소를 나타내는 의문사이다.

예문 A 你在哪儿？Nǐ zài nǎr? 너는 어디에 있어?
      B 我在图书馆。Wǒ zài túshūguǎn. 나는 도서관에 있어.

문장 활용하기

你
你爸爸   + 在 + 哪儿？
你家
图书馆

04 我在学校。나는 학교에 있어.

지시대명사 '这/那'도 '儿'과 함께 사용하여 장소를 나타낼 수 있다.

这儿 zhèr	那儿 nàr	哪儿 nǎr
여기(가까운 곳, 장소)	저기(멀리 있는 곳, 장소)	어디(의문사)
图书馆在这儿。 Túshūguǎn zài zhèr. 도서관은 여기에 있어.	图书馆在那儿。 Túshūguǎn zài nàr. 도서관은 저기에 있어.	图书馆在哪儿? Túshūguǎn zài nǎr? 도서관은 어디에 있어?

 医院 yīyuàn 명 병원 / 首尔 Shǒu'ěr 고유 서울 / 爸爸 bàba 명 아빠, 아버지

2 你做什么?

Nǐ zuò shénme? ▶ 너는 무엇을 하니?

Key Point 동사 做

① '做'는 한국어 '(~을) 하다'에 해당한다.

기본 형식 주어 + 做 + 목적어

- 她做饭。 Tā zuò fàn. ▶ 그녀는 밥을 해.

② '你做什么?'는 '당신은 무엇을 합니까?'라는 뜻으로 이 표현에 대답을 할 때에는 다양한 동사를 사용하여 현재 하고 있는 일을 설명할 수 있다.

질문	你做什么? Nǐ zuò shénme? 너는 무엇을 하니?
대답	我做作业。 Wǒ zuò zuòyè. 나는 숙제를 해. 我看电视。 Wǒ kàn diànshì. 나는 텔레비전을 봐. 我学习汉语。 Wǒ xuéxí Hànyǔ. 나는 중국어 공부를 해. 我听音乐。 Wǒ tīng yīnyuè. 나는 음악을 들어.

문장 활용하기

我		作业。
我爸爸	**+ 做 +**	菜。
他		工作。
我		练习题。

Tip!

'工作'는 직업을 묻는 표현으로 '你做什么工作?'라는 표현이 있다. 여기서 '工作'는 '일'이라는 뜻의 명사이다.

질문	你做什么工作? Nǐ zuò shénme gōngzuò? 너는 무슨 일을 해? / 너의 직업은 무엇이니?
대답	我是学生。 Wǒ shì xuésheng. 나는 학생이야. 我是老师。 Wǒ shì lǎoshī. 나는 선생님이야. 我是医生。 Wǒ shì yīshēng. 나는 의사야.

단어

饭 fàn 명 밥, 식사 / 听 tīng 동 듣다 / 音乐 yīnyuè 명 음악 / 菜 cài 명 요리, 음식 / 工作 gōngzuò 명 일 동 일하다 / 练习题 liànxítí 명 연습문제 / 医生 yīshēng 명 의사

3 我在家看电视。

Wǒ zài jiā kàn diànshì. ▶ 나는 집에서 텔레비전을 봐.

Key Point 개사 在

개사 '在'는 '~에/~에서'의 뜻으로 '在 + 장소사'의 형식으로 장소를 나타낸다. 중국어의 개사구(시간 또는 장소를 나타내는 경우)는 대부분 동사 앞에 위치한다.

기본 형식 주어 + 在 + 장소사 + 동사

- 我在图书馆做作业。 Wǒ zài túshūguǎn zuò zuòyè. ▶ 나는 도서관에서 숙제를 해.

문장 활용하기

我		学校		学习汉语。
他	+ 在 +	家	+	做作业。
我朋友		图书馆		看书。
我哥哥		医院		工作。

Tip! 장소를 나타내는 의문사 '哪儿'은 개사 '在'와 함께 다음과 같이 사용될 수도 있다.

	학교를 묻는 표현	직장을 묻는 표현
질문	你在哪儿念书? Nǐ zài nǎr niànshū? 너는 어디에서 공부하니(재학 중이니)?	你在哪儿工作? Nǐ zài nǎr gōngzuò? 너는 어디에서 일하니?
대답	我在北京大学念书。 Wǒ zài Běijīng Dàxué niànshū. 나는 북경대학교에서 공부해.	我在医院工作。 Wǒ zài yīyuàn gōngzuò. 나는 병원에서 일해.

단어 哥哥 gēge 명 형, 오빠 / 念书 niànshū 동 학교에 다니다, 재학 중이다, 공부하다 / 北京大学 Běijīng Dàxué 명 북경대학교

본문 익히기 1

🎧 04-5

朴海镇 导喜，你在哪儿？❶
　　　　　Dǎoxǐ, nǐ zài nǎr?

梁导喜 我在学校。你呢？
　　　　　Wǒ zài xuéxiào. Nǐ ne?

朴海镇 我在家。
　　　　　Wǒ zài jiā.

梁导喜 你做什么？❷
　　　　　Nǐ zuò shénme?

朴海镇 我学习汉语。
　　　　　Wǒ xuéxí Hànyǔ.

> '语(yǔ)'는 언어를 나타낸다.
> 예) 汉语 Hànyǔ 중국어
> 　　韩语 Hányǔ 한국어
> 　　英语 Yīngyǔ 영어
> 　　日语 Rìyǔ 일어
> 　　法语 Fǎyǔ 프랑스어
> 　　德语 Déyǔ 독일어

본문 익히기 2

🎧 04-6

李晨　　海镇，你在哪儿？
　　　　Hǎizhèn, nǐ zài nǎr?

朴海镇　我在图书馆。你呢？
　　　　Wǒ zài túshūguǎn.　Nǐ ne?

李晨　　我在家。
　　　　Wǒ zài jiā.

朴海镇　你在家做什么？
　　　　Nǐ zài jiā zuò shénme?

> '看(kàn)'은 '보다, 시청하다'라는 뜻의 동사이다.
> 예　看电视剧　kàn diànshìjù　드라마를 보다/시청하다
> 　　看韩剧　kàn hánjù　한국드라마를 보다
> 　　看电影　kàn diànyǐng　영화를 보다

李晨　　我在家看电视。❸你做什么？
　　　　Wǒ zài jiā kàn diànshì.　Nǐ zuò shénme?

朴海镇　我在图书馆做作业。
　　　　Wǒ zài túshūguǎn zuò zuòyè.

본문 익히기 3

🎧 04-7

现在我在图书馆。我在图书馆做作业。
Xiànzài wǒ zài túshūguǎn. Wǒ zài túshūguǎn zuò zuòyè.

李晨是我朋友，他在家。他在家看电视。
Lǐ Chén shì wǒ péngyou, tā zài jiā. Tā zài jiā kàn diànshì.

✏️ 본문을 참조하여 자신의 상황에 맞게 중국어로 서술하세요.

现在我在_____。

我在_____做_____。

他(她)是我朋友，叫_____。

他(她)在_____。

연습문제

1. 병음을 보고 밑줄 친 부분에 알맞은 표현을 써넣어 대화문을 완성해 보세요.

❶ A 你在 (nǎr) _____ ?

　　B (Wǒ zài xuéxiào) _____ 。

❷ A 现在你 (zuò shénme) _____ ?

　　B 现在我 (xuéxí Hànyǔ) _____ 。

❸ A 你 (zài jiā zuò shénme) _____ ?

　　B 我 (zài jiā kàn diànshì) _____ 。

2. 틀린 부분을 바르게 고쳐 보세요.

❶ 你在哪儿吗？ 너는 어디에 있어?

→ _____

❷ 现在我学校在。 지금 나는 학교에 있어.

→ _____

❸ 李晨在不家。 리천은 집에 없어.

→ _____

❹ 他做作业在图书馆。 그는 도서관에서 숙제를 해.

→ _____

연습문제

3. 제시된 단어를 어순에 맞게 배열해 보세요.

❶ 我 / 图书馆 / 朋友 / 在　내 친구는 도서관에 있어.

→ _____

❷ 哪儿 / 她 / 在　그녀는 어디에 있어?

→ _____

❸ 做 / 朋友 / 什么 / 你　네 친구는 무엇을 하니?

→ _____

❹ 在 / 吗 / 现在 / 他 / 家　지금 그는 집에 있어?

→ _____

4. 아래 상황에 맞게 알맞은 중국어 표현을 말해 보세요.

❶ 나는 집에 있다. 내 친구는 집에 없다. 지금 그는 도서관에 있다.

→ _____

❷ 우리는 모두 학생이다. 우리는 학교에서 중국어를 배운다.

→ _____

5 과

我家有三口人。
Wǒ jiā yǒu sān kǒu rén.

우리 집은 가족이 세 명이야.

기본문장

1. **你家有几口人？**
   Nǐ jiā yǒu jǐ kǒu rén?
   너희 집은 가족이 몇 명이야?

2. **你家都有什么人？**
   Nǐ jiā dōu yǒu shénme rén?
   너희 집은 가족구성원이 어떻게 돼?

3. **我有一个姐姐。**
   Wǒ yǒu yí ge jiějie.
   나는 언니가 한 명 있어.

Key Point

의문사 几

양사 口

가족구성원을 묻는 표현

동사 有

새로 나온 단어 🎧 05-1

- 有　　　　　yǒu　　　　　　　동 가지고 있다, 소유하다
- 几口人　　　jǐ kǒu rén　　　　식구가 몇 명이에요?
  - ※ 几 jǐ 수 몇 [주로 10 이하의 확실치 않은 수를 물을 때 쓰임] | 口 kǒu 양 식구를 세는 단위 | 人 rén 명 사람
- 爸爸　　　　bàba　　　　　　명 아빠, 아버지
- 妈妈　　　　māma　　　　　　명 엄마, 어머니
- 和　　　　　hé　　　　　　　개 ~과(와)
- 没有　　　　méiyǒu　　　　　동 없다, 가지고(갖추고) 있지 않다
- 兄弟姐妹　　xiōngdìjiěmèi　　형제자매
- 哥哥　　　　gēge　　　　　　명 형, 오빠
- 工作　　　　gōngzuò　　　　　명 일　동 일하다
- 医院　　　　yīyuàn　　　　　명 병원
- 个　　　　　ge　　　　　　　양 개, 명 [개개의 사람이나 물건을 세는 단위]
- 姐姐　　　　jiějie　　　　　명 누나, 언니
- 空中小姐　　kōngzhōng xiǎojiě　명 (여객기의) 여승무원, 스튜어디스(줄임말: 空姐)
- 医生　　　　yīshēng　　　　　명 의사
  - ※ 大夫 dàifu 명 의사
- 北京大学　　Běijīng Dàxué　　명 북경대학교
- 弟弟　　　　dìdi　　　　　　명 남동생
- 妹妹　　　　mèimei　　　　　명 여동생

기본문장 알기

🎧 05-2

1 你家有几口人?

Nǐ jiā yǒu jǐ kǒu rén? ▶ 너희 집은 가족이 몇 명이야?

Key Point 1 의문사 几

의문사 '几'는 10 미만의 숫자를 물을 때 사용한다. 일반적으로 한 가족의 식구는 10명을 넘지 않으므로 가족을 묻고자 할 때에는 '几口人'을 사용한다.

예문
A 你家有<u>几口人</u>? Nǐ jiā yǒu jǐ kǒu rén? 너희 집은 가족이 몇 명이야?
B 我家有<u>四口人</u>。 Wǒ jiā yǒu sì kǒu rén. 우리 집은 가족이 네 명이야.

문장 활용하기

你家
他家
他们家   + 有 + 几口人?
海镇，你们家

Tip!

- 10 이상의 숫자를 묻고자 할 때에는 '多少 duōshao'를 사용한다.

예문 你们学校有<u>多少</u>个学生? Nǐmen xuéxiào yǒu duōshao ge xuésheng?
너희 학교는 학생이 몇 명이야?

05 我家有三口人。우리 집은 가족이 세 명이야. 87

Key Point 2 양사 口

중국어에서는 단위를 세는 품사를 '양사'라고 한다. 그 중 '口'는 식구를 셀 때 사용하는 양사이고, '个'는 사람이나 물건을 세는 양사이다. 양사는 보통 '수사 + 양사 + 명사' 순으로 표현한다.

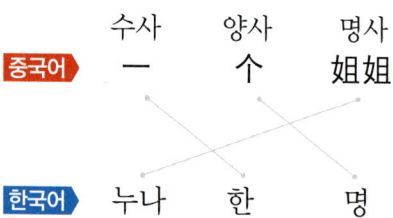

용도	수사 + 양사 + 명사	
책을 세는 양사	一**本**汉语书　yì běn Hànyǔ shū	▶ 중국어 책 한 권
사람을 세는 양사 [높임말]	两**位**老师　liǎng wèi lǎoshī	▶ 선생님 두 분
음료 등을 세는 양사	三**杯**咖啡　sān bēi kāfēi	▶ 커피 세 잔
옷을 세는 양사	四**件**衣服　sì jiàn yīfu	▶ 옷 네 벌
사람을 세는 양사	五**名**学生　wǔ míng xuésheng	▶ 학생 다섯 명

Tip!

1	一	yī	일, 하나	6	六	liù	육, 여섯
2	二	èr	이, 둘	7	七	qī	칠, 일곱
3	三	sān	삼, 셋	8	八	bā	팔, 여덟
4	四	sì	사, 넷	9	九	jiǔ	구, 아홉
5	五	wǔ	오, 다섯	10	十	shí	십, 열

* 숫자 2는 뒤에 단위가 출현할 경우 '两个人(liǎng ge rén)'처럼 '两'으로 바꾸어 쓴다. 이때 주로 한국어 '두' 또는 '둘'로 번역된다.

 本 běn 양 권 [책을 세는 단위] / 位 wèi 양 분 [사람을 세는 단위] / 杯 bēi 양 잔 [음료를 세는 단위] / 咖啡 kāfēi 명 커피 / 件 jiàn 양 벌 [옷을 세는 단위] / 衣服 yīfu 명 옷, 의복 / 名 míng 양 명 [사람을 세는 단위]

2 你家都有什么人？

Nǐ jiā dōu yǒu shénme rén? ▶ 너희 집은 가족구성원이 어떻게 돼?

Key Point 가족구성원을 묻는 표현

'都'는 '모두'의 뜻을 나타내며, '都' 앞의 주어는 복수이다. 이 문장에서 주어인 '가족'은 일반적으로 2인 이상이므로 '都'를 사용해 다음과 같이 그 구성원을 묻는다.

예문
A 你家都有什么人？ Nǐ jiā dōu yǒu shénme rén? 너희 집은 가족구성원이 어떻게 돼?
B 爷爷、奶奶、爸爸、妈妈和我。 Yéye、nǎinai、bàba、māma hé wǒ.
할아버지, 할머니, 아버지, 어머니와 내가 있어.

문장 활용하기

你家
他家
他们家   + 都 + 有 + 什么人？
海镇，你们家

Tip!

• 사람을 묻는 표현에는 '누구'라는 뜻을 나타내는 '谁'도 있다.

예문
A 他是谁？ Tā shì shéi? 그는 누구야?
B 他是我爸爸。 Tā shì wǒ bàba. 그는 나의 아버지야.

 爷爷 yéye 명 할아버지 / 奶奶 nǎinai 명 할머니 / 谁 shéi 대 누구

3 我有一个姐姐。

Wǒ yǒu yí ge jiějie. ▶ 나는 언니가 한 명 있어.

Key Point 동사 有

동사 '有'는 '있다, 가지고 있다'의 의미로 소유를 나타내며, '有'의 부정형은 '没有'이다. '有'를 사용한 문장 유형은 다음과 같다.

긍정문	我有姐姐。Wǒ yǒu jiějie. 나는 누나가 있어.	我有一个哥哥。Wǒ yǒu yí ge gēge. 나는 형이 한 명 있어.
부정문	我没有姐姐。Wǒ méiyǒu jiějie. 나는 누나가 없어.	我没有哥哥。Wǒ méiyǒu gēge. 나는 형이 없어.
의문문	你有姐姐吗？Nǐ yǒu jiějie ma? 너는 누나가 있어?	你有几个哥哥？Nǐ yǒu jǐ ge gēge? 너는 형이 몇 명 있어?

문장 활용하기

我 + 有 + 一个 / 一本 / 两本 / 两件 + 中国朋友。/ 汉语书。/ 英语词典。/ 衣服。

Tip!

형제자매 중 오직 누나가 있는지 없는지가 궁금해서 '你有姐姐吗？(Nǐ yǒu jiějie ma?)'라고 물었을 때에는 '我(没)有姐姐。(Wǒ (méi)yǒu jiějie.)'라고 대답하지만, 형제가 있는지 그리고 있다면 몇 명 있는지 궁금해서 '你有兄弟姐妹吗？(Nǐ yǒu xiōngdìjiěmèi ma?)'라고 물었을 때에는 '我有一个姐姐。(Wǒ yǒu yí ge jiějie.)'라고 대답해야 한다.

 단어   英语 Yīngyǔ 명 영어

본문 익히기 1

🎧 05-5

张丽红: 导喜，你家有几口人？❶
Dǎoxǐ, nǐ jiā yǒu jǐ kǒu rén?

梁导喜: 我家有四口人。你呢？
Wǒ jiā yǒu sì kǒu rén. Nǐ ne?

张丽红: 我家有三口人。
Wǒ jiā yǒu sān kǒu rén.

梁导喜: 你家都有什么人？❷
Nǐ jiā dōu yǒu shénme rén?

> 여러 개를 나열할 때, 가장 마지막에 넣는다.

张丽红: 爸爸、妈妈和我。我没有兄弟姐妹。
Bàba, māma hé wǒ. Wǒ méiyǒu xiōngdìjiěmèi.

본문 익히기 2

🎧 05-6

梁导喜: 海镇，你家有几口人？
Hǎizhèn, nǐ jiā yǒu jǐ kǒu rén?

朴海镇: 我家有四口人。爸爸、妈妈、哥哥和我。
Wǒ jiā yǒu sì kǒu rén. Bàba、māma、gēge hé wǒ.

梁导喜: 你哥哥在哪儿工作？
Nǐ gēge zài nǎr gōngzuò?

朴海镇: 他在医院工作。你有兄弟姐妹吗？
Tā zài yīyuàn gōngzuò. Nǐ yǒu xiōngdìjiěmèi ma?

梁导喜: 我有一个姐姐。❸
Wǒ yǒu yí ge jiějie.

朴海镇: 她做什么工作？
Tā zuò shénme gōngzuò?

梁导喜: 她是空中小姐。
Tā shì kōngzhōngxiǎojiě.

직업 관련 추가 단어를 살펴보자.
예) 公司职员 gōngsī zhíyuán 회사직원
　　律师 lǜshī 변호사
　　公务员 gōngwùyuán 공무원
　　家庭主妇 jiātíng zhǔfù 가정주부

본문 익히기 3

🎧 05-7

我家有四口人。爸爸、妈妈、哥哥和我。
Wǒ jiā yǒu sì kǒu rén. Bàba、māma、gēge hé wǒ.

我爸爸、妈妈都是老师。
Wǒ bàba、māma dōu shì lǎoshī.

我哥哥是医生。他在医院工作。
Wǒ gēge shì yīshēng. Tā zài yīyuàn gōngzuò.

我是大学生。我在北京大学学习汉语。
Wǒ shì dàxuéshēng. Wǒ zài Běijīng Dàxué xuéxí Hànyǔ.

✏️ 본문을 참조하여 자신의 상황에 맞게 중국어로 서술하세요.

我家有＿＿＿＿＿。＿＿＿＿＿和我。我爸爸

是＿＿＿＿＿。他在＿＿＿＿＿工作。我哥哥(弟弟／

姐姐／妹妹)是＿＿＿＿＿，在＿＿＿＿＿工作／学习。

我是大学生。我在＿＿＿＿＿大学学习汉语。

연습문제

1. 병음을 보고 밑줄 친 부분에 알맞은 표현을 써넣어 대화문을 완성해 보세요.

❶ A 你家有 (jǐ kǒu rén) _____ ?

　　B 我家有 (sì kǒu rén) _____ 。

❷ A 你家 (dōu) _____ 有什么人？

　　B (Bàba) _____ 、妈妈、(gēge) _____ 和我。

❸ A 你有 (xiōngdìjiěmèi) _____ 吗？

　　B 我有一个 (jiějie) _____ 。

2. 틀린 부분을 바르게 고쳐 보세요.

❶ 我家三人有。 우리 집은 가족이 세 명이야.

→ _____

❷ 你家什么人有都？ 너희 집은 가족구성원이 어떻게 돼?

→ _____

❸ 我哥哥工作在医院。 우리 형은 병원에서 일해.

→ _____

❹ 我汉语学习在北京大学。 나는 북경대학교에서 중국어를 배워.

→ _____

3. 제시된 단어를 어순에 맞게 배열해 보세요.

　❶ 我 / 有 / 家 / 四口人　우리 집은 가족이 네 명이야.

　→ _____

　❷ 个 / 有 / 三 / 我 / 姐姐　나는 누나가 세 명 있어.

　→ _____

　❸ 在 / 他 / 工作 / 学校　그는 학교에서 일해.

　→ _____

　❹ 妈妈 / 是 / 爸爸 / 老师 / 都　아빠와 엄마는 모두 선생님이셔.

　→ _____

4. 아래 상황에 맞게 알맞은 중국어 표현을 말해 보세요.

　❶ 우리 집은 가족이 세 명이다. 아빠, 엄마와 내가 있다. 나는 형제자매가 없다.

　→ _____

　❷ 우리 집은 가족이 네 명이다. 아빠와 엄마는 모두 학교에서 일하신다. 형은 병원에서 일한다. 나는 북경대학교에서 중국어를 배운다.

　→ _____

6 과

现在九点。
Xiànzài jiǔ diǎn.

지금은 9시야.

기본문장

1. **现在几点?**
   Xiànzài jǐ diǎn?
   지금 몇 시야?

2. **我十点半上课。**
   Wǒ shí diǎn bàn shàngkè.
   나는 10시 반에 수업을 들어.

3. **明天星期二。**
   Míngtiān xīngqī'èr.
   내일은 화요일이야.

Key Point

시각 표현
명사 서술어문
시간에 따른 일정 말하기
几点 + 동사
요일 묻고 답하기

새로 나온 단어 🎧 06-1

- 几点　　　jǐ diǎn　　　몇 시
  ※ 点 diǎn 양 시
- 上课　　　shàngkè　　동 수업을 듣다, 수업을 하다
  ↔ 下课 xiàkè 동 수업을 마치다
  ※ 课 kè 명 수업
- 半　　　　bàn　　　　명 30분, 절반
- 下午　　　xiàwǔ　　　명 오후
- 星期几　　xīngqī jǐ　　무슨 요일
  ※ 星期 xīngqī 명 요일, 주
- 星期二　　xīngqī'èr　　명 화요일
- 那(么)　　nà(me)　　접 그럼, 그렇다면
- 一起　　　yìqǐ　　　　부 함께, 같이
- 去　　　　qù　　　　　동 가다
  ↔ 来 lái 동 오다
- 书店　　　shūdiàn　　명 서점
- 差　　　　chà　　　　형 부족하다, 모자라다
- 一刻　　　yí kè　　　　명 15분
- 美国人　　Měiguórén　　명 미국인, 미국사람
- 星期一　　xīngqīyī　　명 월요일

기본문장 알기

🎧 06-2

1 现在几点？

Xiànzài jǐ diǎn? ▶ 지금 몇 시야?

Key Point 1 시각 표현

① 시각 표현을 할 때 우리말의 '시', '분', '초'를 각각 중국어로 '点', '分', '秒'를 사용한다. 또한, 15분을 나타낼 경우 '刻'를, 30분을 나타낼 경우 '半'을 사용하기도 한다.

1시	一点 yī diǎn	5분	五分 wǔ fēn	零五分 líng wǔ fēn
2시	两点 liǎng diǎn	10분	十分 shí fēn	
3시	三点 sān diǎn	15분	十五分 shíwǔ fēn	一刻 yí kè
4시	四点 sì diǎn	30분	三十分 sānshí fēn	半 bàn
5시	五点 wǔ diǎn	45분	四十五分 sìshíwǔ fēn	三刻 sān kè
6시	六点 liù diǎn	새벽	凌晨 língchén	
7시	七点 qī diǎn	아침	早上 zǎoshang	
8시	八点 bā diǎn	오전	上午 shàngwǔ	
9시	九点 jiǔ diǎn	정오	中午 zhōngwǔ	
10시	十点 shí diǎn	오후	下午 xiàwǔ	
11시	十一点 shíyī diǎn	저녁	晚上 wǎnshang	
12시	十二点 shí'èr diǎn	정각	整 zhěng	

② '몇 시 몇 분 전'이라는 표현은 '差'를 사용한다.

| 중국어 | 差 | 五分 | 两点 |

| 한국어 | 2시 | 5분 | 전 |

예문 差五分四点 Chà wǔ fēn sì diǎn 4시 5분 전
　　　差一刻八点 Chà yí kè bā diǎn 8시 15분 전

Key Point 2 명사 서술어문

일반적으로 중국어의 시각·요일·날짜 표현에는 동사 '是'를 사용하지 않는데, 이렇게 '是'를 사용하지 않고 명사가 직접 서술어가 되는 문장을 명사 서술어문이라고 한다. 명사 서술어문의 부정은 '不是'를 사용한다.

문장 활용하기

现在 + 三点。
七点半。
九点一刻。
差一刻两点。

Tip!
- 명사 서술어문에서 '是'를 사용할 경우, 강조의 의미를 가지며 읽을 때도 강세를 주어 읽는다.

예문   A 现在**是**八点吗? Xiànzài shì bā diǎn ma? 지금이 8시야?
       B 现在**不是**八点，**是**九点。 Xiànzài bú shì bā diǎn, shì jiǔ diǎn.
          지금은 8시가 아니고, 9시야.

 分 fēn 양 분 / 秒 miǎo 양 초

06-3

2 我十点半上课。

Wǒ shí diǎn bàn shàngkè. ▶ 나는 10시 반에 수업을 들어.

Key Point 1 시간에 따른 일정 말하기

시간에 따른 일정을 나타낼 때, '시간 + 동사'로 표현한다.

기본 형식 시간 + 동사

- 下午一点半下课。 Xiàwǔ yī diǎn bàn xiàkè. ▶ 오후 1시 반에 수업을 마쳐.

100

설레는 **중국어**와의 **첫 만남**

두근두근
중국어 ①

워크북

시사중국어사

1과

1. 다음 간체자를 획순에 따라 써본 후, 소리내어 읽어보세요.

您	您	您	您	您	您	您	您	您	您	您
您	您	您	您							
好	好	好	好	好	好					
好	好	好	好							
nín hǎo	nín hǎo	nín hǎo	nín hǎo							

再	再	冉	冉	再	再					
再	再	再	再							
见	见	见	见							
见	见	见	见							
zàijiàn	zàijiàn	zàijiàn	zàijiàn							

大	ナ	大								
大	大	大	大							
家	家	家	家	家	宕	宕	家	家	家	
家	家	家	家							
dàjiā	dàjiā	dàjiā	dàjiā							

明 明 明 明 明 明 明 明									
明	明	明	明						
天 天 天 天									
天	天	天	天						
míngtiān	míngtiān	míngtiān	míngtiān						

最 最 最 最 最 最 最 最 最 最 最 最									
最	最	最	最						
近 近 近 近 近 近 近									
近	近	近	近						
zuìjìn	zuìjìn	zuìjìn	zuìjìn						

老 老 老 老 老 老									
老	老	老	老						
师 师 师 师 师 师									
师	师	师	师						
lǎoshī	lǎoshī	lǎoshī	lǎoshī						

2. 아래 병음으로 표기된 부분은 한자로, 한자로 표기된 부분은 병음으로 옮겨보세요.

❶ Lǎoshī (　　　　)好！

❷ 明天 wǎnshang (　　　　)见！

❸ 大家(　　　　)，再见！

❹ 您明天(　　　　)忙吗?

❺ 你 zuìjìn (　　　　)累吗?

3. 빈칸을 채워 문장을 완성해 보세요.

❶ (　　　　)好！ 안녕?

❷ 老师, (　　　　)忙吗? 선생님, 바쁘세요?

❸ 我(　　　　)。 나는 매우 배고프다.

❹ (　　　　)明天见。 여러분 내일 봐요.

❺ 我最近(　　　　)。 나는 요즘 피곤하지 않다.

4. 다음 한국어를 중국어로 작성해 보세요.

❶ 여러분, 안녕하세요?

➡ _____

❷ 내일 아침에 만나!

➡ _____

❸ 너는 요즘 잘 지내?

➡ _____

❹ 내일 나는 바쁘지 않아.

➡ _____

5. 다음에 제시되는 문장 또는 대화문을 듣고 알맞은 표현을 찾아보세요. 🎧 01-1

❶ 您好！　　　　　　　　　　　　　　　　　　　　（　　　）

　　　　a.　　　　　　　　　　b.　　　　　　　　　　c.

❷ 明天晚上见。　　　　　　　　　　　　　　　　　（　　　）

　　　　a.　　　　　　　　　　b.　　　　　　　　　　c.

❸ 我很困。　　　　　　　　　　　　　　　　　　　（　　　）

　　　　a.　　　　　　　　　　b.　　　　　　　　　　c.

2과

1. 다음 간체자를 획순에 따라 써본 후, 소리내어 읽어보세요.

学 学 学 学 学 学 学 学									
学	学	学	学						
生 生 生 生 生									
生	生	生	生						
xuésheng	xuésheng	xuésheng	xuésheng						

词 词 词 词 词 词 词									
词	词	词	词						
典 典 典 典 典 典 典 典									
典	典	典	典						
cídiǎn	cídiǎn	cídiǎn	cídiǎn						

这 这 这 这 这 这 这									
这	这	这	这						
zhè	zhè	zhè	zhè						

谢	谢	谢	谢						
xièxie	xièxie	xièxie	xièxie						
谢	谢	谢	谢						
xièxie	xièxie	xièxie	xièxie						

朋	朋	朋	朋						
友	友	友	友						
péngyou	péngyou	péngyou	péngyou						

那	那	那	那						
nà	nà	nà	nà						

2. 아래 병음으로 표기된 부분은 한자로, 한자로 표기된 부분은 병음으로 옮겨보세요.

❶ 他不是学生(　　　　)，是 fúwùyuán (　　　　　　)。

❷ 这是 Hànyǔ shū (　　　　　)。

❸ 这不是我朋友(　　　　　)。

❹ 那是 xuéxiào (　　　　　)。

❺ 这(　　　　)是我朋友，他不是(　　　　　)学生。

3. 빈칸을 채워 문장을 완성해 보세요.

❶ 这是(　　　　)。 이 사람은 중국어 선생님이다.

❷ 他不是(　　　　)。 그는 내 친구가 아니다.

❸ (　　　　)不是汉语书。(　　　　)是汉语书。
이것은 중국어 책이 아니다. 저것이 중국어 책이다.

❹ 这是(　　　　)，那(　　　　)词典。 이것은 사전이고, 저것도 사전이다.

4. 다음 한국어를 중국어로 작성해 보세요.

❶ 그는 내 친구이다.
➡ _____

❷ 저 사람은 중국어 선생님이 아니다.
➡ _____

❸ 저것은 무엇입니까?
➡ _____

❹ 이것은 중국어 책입니까?
➡ _____

❺ 이 사람은 내 친구이다. 그녀도 학생이다.
➡ _____

5. 다음에 제시되는 문장 또는 대화문을 듣고 알맞은 표현을 찾아보세요.

❶ 这是汉语词典。   (   )

   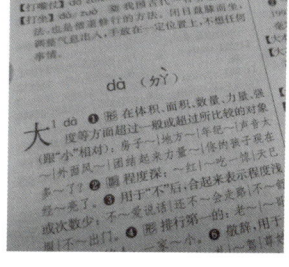   

　　　a.　　　　　　　　　b.　　　　　　　　　c.

❷ 她是老师。   (   )

　　　a.　　　　　　　　　b.　　　　　　　　　c.

❸ 我朋友是学生。   (   )

　　　a.　　　　　　　　　b.　　　　　　　　　c.

3과

1. 다음 간체자를 획순에 따라 써본 후, 소리내어 읽어보세요.

什什什什									
什	什	什	什						
么么么									
么	么	么	么						
shénme	shénme	shénme	shénme						

名名名名名名									
名	名	名	名						
字字字字字字									
字	字	字	字						
míngzi	míngzi	míngzi	míngzi						

叫叫叫叫叫									
叫	叫	叫	叫						
jiào	jiào	jiào	jiào						

认 认 认 认									
认	认	认	认						
识 识 识 识 识 识									
识	识	识	识						
rènshi	rènshi	rènshi	rènshi						

高 高 高 高 高 高 高 高 高 高									
高	高	高	高						
兴 兴 兴 兴 兴 兴									
兴	兴	兴	兴						
gāoxìng	gāoxìng	gāoxìng	gāoxìng						

姓 姓 姓 姓 姓 姓 姓 姓									
姓	姓	姓	姓						
xìng	xìng	xìng	xìng						

03 我叫朴海镇。나는 박해진이라고 불러.

2. 병음으로 표기된 부분은 한자로, 한자로 표기된 부분은 병음으로 옮겨보세요.

   ❶ 你叫什么 míngzi (　　　　)?

   ❷ 认识(　　　　)你，很高兴(　　　　)。

   ❸ 你是 nǎ guó rén (　　　　)?

   ❹ 这是我朋友(　　　　)。

   ❺ 他是 liúxuéshēng (　　　　)。

3. 빈칸을 채워 문장을 완성해 보세요.

   ❶ 我是韩国人。(　　　　)?　나는 한국사람이다. 당신은요?

   ❷ 梁导喜(　　　　)韩国人。 양도희도 한국사람이다.

   ❸ (　　　　)叫张丽红。 내 친구는 장리홍이라고 부른다.

   ❹ 我们(　　　　)中国人。 우리는 모두 중국사람이다.

4. 다음 한국어를 중국어로 작성해 보세요.

   ❶ 중국어 선생님은 이름이 무엇입니까?
   ➡ _____

   ❷ 그는 성이 박 씨이고, 해진이라고 부른다.
   ➡ _____

   ❸ 나는 왕 선생님을 안다.
   ➡ _____

   ❹ 네 친구는 어느 나라 사람이야?
   ➡ _____

5. 다음에 제시되는 문장 또는 대화문을 듣고 알맞은 표현을 찾아보세요. 🎧 03-1

❶ A 王老师是哪国人?
　B 他是中国人。　　　　　　　　　　　　　　　　(　　)

a.

b.

c.

❷ A 你们是朋友吗?
　B 我们是朋友。　　　　　　　　　　　　　　　　(　　)

a.

b.

c.

❸ A 认识您,我很高兴。
　B 认识您,我也很高兴。　　　　　　　　　　　　(　　)

a.

b.

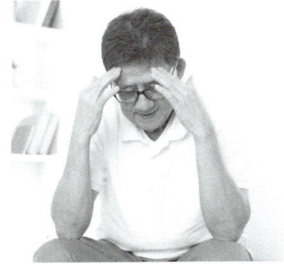
c.

4과

1. 다음 간체자를 획순에 따라 써본 후, 소리내어 읽어보세요.

哪哪哪哪哪哪哪哪哪									
哪	哪	哪	哪						
儿 儿									
儿	儿	儿	儿						
nǎr	nǎr	nǎr	nǎr						

学学学学学学学学									
学	学	学	学						
校校校校校校校校校校									
校	校	校	校						
xuéxiào	xuéxiào	xuéxiào	xuéxiào						

学学学学学学学学									
学	学	学	学						
习 习 习									
习	习	习	习						
xuéxí	xuéxí	xuéxí	xuéxí						

电	电	电	电						
视	视	视	视						
diànshì	diànshì	diànshì	diànshì						

作	作	作	作						
业	业	业	业						
zuòyè	zuòyè	zuòyè	zuòyè						

现	现	现	现						
在	在	在	在						
xiànzài	xiànzài	xiànzài	xiànzài						

2. 다음 아래 병음으로 표기된 부분은 한자로, 한자로 표기된 부분은 병음으로 옮겨보세요.

   ❶ 你在 nǎr (　　　　)? 我在医院(　　　　)。

   ❷ 我家在首尔(　　　　)。

   ❸ Túshūguǎn (　　　　)在哪儿? 在 nàr (　　　　)。

   ❹ 你在家做什么(　　　　)?

   ❺ 你做 shénme (　　　　)? 我听音乐(　　　　)。

3. 빈칸을 채워 문장을 완성해 보세요.

   ❶ (　　　　)我爸爸在(　　　　)。 지금 우리 아빠는 집에 있다.

   ❷ 我在图书馆(　　　　)。 나는 도서관에서 숙제를 한다.

   ❸ 我朋友(　　　　)家。 내 친구는 집에 없다.

   ❹ 我爸爸(　　　　)。 우리 아빠는 요리를 하신다.

4. 다음 한국어를 중국어로 작성해 보세요.

   ❶ 그는 중국에 있다.
   ➡ _____

   ❷ 우리 형은 집에 없다.
   ➡ _____

   ❸ 우리 아빠는 학교에서 일하신다.
   ➡ _____

   ❹ 그녀는 어디에서 일해?
   ➡ _____

   ❺ 나는 학생이다. 나는 ○○대학교에 다니고 있다.
   ➡ _____

4과

5. 다음에 제시되는 문장 또는 대화문을 듣고 알맞은 표현을 찾아보세요.

❶ 我在图书馆。　　　　　　　　　　　　　　　　　　　　　（　　　）

　　a.　　　　　　　　　　　b.　　　　　　　　　　　c.

❷ 现在他做作业。　　　　　　　　　　　　　　　　　　　　（　　　）

　　a.　　　　　　　　　　　b.　　　　　　　　　　　c.

❸ 我在学校学习汉语。　　　　　　　　　　　　　　　　　　（　　　）

　　a.　　　　　　　　　　　b.　　　　　　　　　　　c.

5과

1. 다음 간체자를 획순에 따라 써본 후, 소리내어 읽어보세요.

没 没 没 没 没 没 没									
没	没	没	没						
有 有 有 有 有									
有	有	有	有						
méiyǒu	méiyǒu	méiyǒu	méiyǒu						

爸 爸 爸 爸 爸 爸 爸 爸									
爸	爸	爸	爸						
爸 爸 爸 爸 爸 爸 爸 爸									
爸	爸	爸	爸						
bàba	bàba	bàba	bàba						

妈 妈 妈 妈 妈 妈									
妈	妈	妈	妈						
妈 妈 妈 妈 妈 妈									
妈	妈	妈	妈						
māma	māma	māma	māma						

兄兄兄兄兄									
兄	兄	兄	兄						
弟弟弟弟弟弟弟									
弟	弟	弟	弟						
xiōngdì	xiōngdì	xiōngdì	xiōngdì						

姐姐姐姐姐姐姐姐									
姐	姐	姐	姐						
妹妹妹妹妹妹妹									
妹	妹	妹	妹						
jiěmèi	jiěmèi	jiěmèi	jiěmèi						

工工工									
工	工	工	工						
作作作作作作									
作	作	作	作						
gōngzuò	gōngzuò	gōngzuò	gōngzuò						

05 我家有三口人。 우리 집은 가족이 세 명이야.

2. 아래 병음으로 표기된 부분은 한자로, 한자로 표기된 부분은 병음으로 옮겨보세요.

   ❶ 我家有四口人(　　　　)。

   ❷ 我没有 xiōngdìjiěmèi (　　　　　　)。

   ❸ 我哥哥在 yīyuàn (　　　　)工作。

   ❹ 她是空中小姐(　　　　　)。

   ❺ 我在北京大学(　　　　　)。

3. 빈칸을 채워 문장을 완성해 보세요.

   ❶ 我没有(　　　　)。 나는 누나가 없다.

   ❷ 他在(　　　　)工作。 그는 학교에서 일한다.

   ❸ 我爸爸是(　　　　)。 우리 아빠는 의사이시다.

   ❹ 我有(　　　　)汉语书。 나는 중국어 책이 두 권 있다.

4. 다음 한국어를 중국어로 작성해 보세요.

   ❶ 그의 집은 가족구성원이 어떻게 돼?

   ➡ _____

   ❷ 나는 영어사전이 없다.

   ➡ _____

   ❸ 나는 중국친구가 네 명 있다.

   ➡ _____

   ❹ 우리 언니는 도서관에서 일한다.

   ➡ _____

   ❺ 그녀의 아빠는 어떤 일을 하셔?

   ➡ _____

5. 다음에 제시되는 문장 또는 대화문을 듣고 알맞은 표현을 찾아보세요. 🎧 05-1

❶ A 你家都有什么人?
　B 爷爷、奶奶、爸爸、妈妈和我。　　　　　　　　　　　(　　)

a.

b.

c.

❷ A 你有兄弟姐妹吗?
　B 我有一个姐姐。　　　　　　　　　　　　　　　　　(　　)

a.

b.

c.

❸ 我爸爸在学校工作。　　　　　　　　　　　　　　　　(　　)

a.

b.

c.

6과

1. 다음 간체자를 획순에 따라 써본 후, 소리내어 읽어보세요.

几 几									
几	几	几	几						
点 点 点 点 点 点 点 点 点 点									
点	点	点	点						
jǐ diǎn	jǐ diǎn	jǐ diǎn	jǐ diǎn						

上 上 上									
上	上	上	上						
课 课 课 课 课 课 课 课 课 课									
课	课	课	课						
shàngkè	shàngkè	shàngkè	shàngkè						

下 下 下									
下	下	下	下						
午 午 午 午									
午	午	午	午						
xiàwǔ	xiàwǔ	xiàwǔ	xiàwǔ						

一									
一	一	一	一						

起 起 起 起 起 起 起 起

起	起	起	起						
yìqǐ	yìqǐ	yìqǐ	yìqǐ						

乛 乊 书 书

书	书	书	书						

店 店 店 店 店 店 店 店

店	店	店	店						
shūdiàn	shūdiàn	shūdiàn	shūdiàn						

一									
一	一	一	一						

刻 刻 刻 亥 亥 亥 刻 刻

刻	刻	刻	刻						
yí kè	yí kè	yí kè	yí kè						

2. 아래 병음으로 표기된 부분은 한자로, 한자로 표기된 부분은 병음으로 옮겨보세요.

❶ 现在几点( )? Shí'èr diǎn bàn ( )。

❷ 你几点 xiàkè ( )?

❸ 今天 xīngqī jǐ ( )?

❹ 我 liǎng diǎn ( )上课。

❺ Chà yíkè ( ) 十点我 shuìjiào ( )。

3. 빈칸을 채워 문장을 완성해 보세요.

❶ 现在下午( )。 지금은 오후 2시 15분 전이다.

❷ ( )我( )课。 토요일에 나는 수업이 없다.

❸ 我们( )上课。 우리는 아침 8시에 수업을 듣는다.

❹ ( )我爸爸、妈妈( )。我和我朋友( )做作业。
일요일에 우리 아빠, 엄마는 집에 계시지 않는다. 나와 내 친구는 함께 숙제를 한다.

4. 다음 한국어를 중국어로 작성해 보세요.

❶ 오늘은 금요일이다. 나는 11시에 수업을 듣는다.
➡ _____

❷ 월요일에 나는 3시 45분에 수업을 마친다.
➡ _____

❸ 내일 우리는 같이 도서관에 간다.
➡ _____

❹ 다음 주 금요일에 우리는 같이 서울에 간다.
➡ _____

❺ 나는 저녁 12시에 잠을 잔다.
➡ _____

5. 다음에 제시되는 문장 또는 대화문을 듣고 알맞은 표현을 찾아보세요. 📻 06-1

❶ 今天不是星期六，是星期五。　　　　　　　　　　　　　　（　　　）

a.

b.

c.

❷ 今天我们一起去书店。　　　　　　　　　　　　　　　　　（　　　）

a.

b.

c.

❸ 今天早上我六点半起床。　　　　　　　　　　　　　　　　（　　　）

a.

b.

c.

7과

1. 다음 간체자를 획순에 따라 써본 후, 소리내어 읽어보세요.

今 今 今 今									
今	今	今	今						
年 年 年 年 年 年									
年	年	年	年						
jīnnián	jīnnián	jīnnián	jīnnián						

多 多 多 多 多 多									
多	多	多	多						
大 大 大									
大	大	大	大						
duōdà	duōdà	duōdà	duōdà						

生 生 生 生 生									
生	生	生	生						
日 日 日 日									
日	日	日	日						
shēngrì	shēngrì	shēngrì	shēngrì						

时时时时时时时									
时	时	时	时						
间间间间间间									
间	间	间	间						
shíjiān	shíjiān	shíjiān	shíjiān						

饭饭饭饭饭饭饭									
饭	饭	饭	饭						
店店店店店店店店									
店	店	店	店						
fàndiàn	fàndiàn	fàndiàn	fàndiàn						

吃吃吃吃吃吃									
吃	吃	吃	吃						
饭饭饭饭饭饭饭									
饭	饭	饭	饭						
chīfàn	chīfàn	chīfàn	chīfàn						

2. 아래 병음으로 표기된 부분은 한자로, 한자로 표기된 부분은 병음으로 옮겨보세요.

❶ 你的生日是 jǐ yuè jǐ hào (　　　　)?

❷ 明天你有时间(　　　　)吗?

❸ 我们 yìqǐ (　　　　)去 chīfàn (　　　　)吧。

❹ 明天是他的生日(　　　　)。

❺ 我们去北京饭店(　　　　)吃饭。

3. 빈칸을 채워 문장을 완성해 보세요.

❶ 她的生日(　　　　)十二月二十四号。 그녀의 생일도 12월 24일이다.

❷ 你有(　　　　)事? 너 무슨 일 있어?

❸ 他今年(　　　　)。 그는 올해 24살이다.

❹ 我们去(　　　　)吃饭? 우리 어디 가서 밥 먹을까?

4. 다음 한국어를 중국어로 작성해 보세요.

❶ 너희 아빠는 올해 연세가 어떻게 되셔?
➡ _____

❷ 내일 나는 시간이 있다.
➡ _____

❸ 토요일은 내 친구의 생일이다.
➡ _____

❹ 우리 함께 영화 보러 가자.
➡ _____

❺ 우리 할머니는 오늘 병원에 가서 진찰을 받으신다.
➡ _____

5. 다음에 제시되는 문장 또는 대화문을 듣고 알맞은 표현을 찾아보세요.

❶ 我今年二十。　　　　　　　　　　　　　　　　　　　　（　　　）

　　a.　　　　　　　　　　　b.　　　　　　　　　　　c.

❷ 我的生日是四月二十六号。　　　　　　　　　　　　　（　　　）

　　a.　　　　　　　　　　　b.　　　　　　　　　　　c.

❸ 她去图书馆做作业。　　　　　　　　　　　　　　　　（　　　）

　　a.　　　　　　　　　　　b.　　　　　　　　　　　c.

8과 1. 다음 간체자를 획순에 따라 써본 후, 소리내어 읽어보세요.

喜 喜 喜 喜 喜 喜 喜 喜 喜 喜 喜 喜									
喜	喜	喜	喜						
欢 欢 欢 欢 欢 欢									
欢	欢	欢	欢						
xǐhuan	xǐhuan	xǐhuan	xǐhuan						

听 听 听 听 听 听 听									
听	听	听	听						
说 说 说 说 说 说 说 说 说									
说	说	说	说						
tīngshuō	tīngshuō	tīngshuō	tīngshuō						

想 想 想 想 想 想 想 想 想 想 想 想 想									
想	想	想	想						
xiǎng	xiǎng	xiǎng	xiǎng						

食	食	食	食 食 食 食 食 食 食					
食	食	食	食					
堂 堂 堂 堂 堂 堂 堂 堂 堂 堂 堂								
堂	堂	堂	堂					
shítáng	shítáng	shítáng	shítáng					

以 以 以 以								
以	以	以	以					
后 后 后 后 后 后								
后	后	后	后					
yǐhòu	yǐhòu	yǐhòu	yǐhòu					

跟 跟 跟 跟 跟 跟 跟 跟 跟 跟 跟 跟 跟								
跟	跟	跟	跟					
gēn	gēn	gēn	gēn					

2. 아래 병음으로 표기된 부분은 한자로, 한자로 표기된 부분은 병음으로 옮겨보세요.

   ❶ 我 xiǎng (　　　　) 去中国。你 xiǎng bu xiǎng (　　　　) 去?

   ❷ 明天你有没有(　　　　)课?

   ❸ 你想 mǎi shénme (　　　　)?

   ❹ 我们一起去 chángchang (　　　　) 中国菜吧!

   ❺ 大家一起 tīngting (　　　　) yīnyuè (　　　　) 吧!

3. 빈칸을 채워 문장을 완성해 보세요.

   ❶ 下课(　　　), 我们想去(　　　)(　　　)。
   수업을 마친 후, 우리는 식당에 가서 밥을 먹고 싶다.

   ❷ 明天你有没有(　　　)? 明天你想去哪儿(　　　)?
   내일 너는 수업이 있니? 내일 너는 어디 가서 공부하고 싶어?

   ❸ 我们决定去(　　　)买(　　　)。 우리는 서점에 가서 중국어 책을 사기로 결정했다.

   ❹ 你想尝尝(　　　)吗? 너는 한국음식을 한번 맛보고 싶어?

4. 다음 한국어를 중국어로 작성해 보세요.

   ❶ 선생님은 음악 듣는 것을 좋아하신다.
   → _____

   ❷ 나는 중국에 가고 싶지 않다.
   → _____

   ❸ 수업을 마친 후, 나는 병원에 가서 진료를 받는다.
   → _____

   ❹ 우리는 본문을 한번 보기로 결정했다.
   → _____

   ❺ 우리 엄마는 중국에 가서 중국음식을 한번 맛보고 싶어하신다.
   → _____

5. 다음에 제시되는 문장 또는 대화문을 듣고 알맞은 표현을 찾아보세요. 08-1

❶ 我想去图书馆学习汉语。　　　　　　　　　　　　　　　　（　　　）

a.　　　　　　　　　　b.　　　　　　　　　　c.

❷ A 最近你忙不忙？
　　B 我非常忙。　　　　　　　　　　　　　　　　　　　　（　　　）

a.　　　　　　　　　　b.　　　　　　　　　　c.

❸ 我喜欢看书。　　　　　　　　　　　　　　　　　　　　　（　　　）

a.　　　　　　　　　　b.　　　　　　　　　　c.

9과

1. 다음 간체자를 획순에 따라 써본 후, 소리내어 읽어보세요.

准 准 准 准 准 准 准 准 准 准									
准	准	准	准						
备 备 备 备 备 备 备 备									
备	备	备	备						
zhǔnbèi	zhǔnbèi	zhǔnbèi	zhǔnbèi						

水 水 水 水									
水	水	水	水						
平 平 平 平 平									
平	平	平	平						
shuǐpíng	shuǐpíng	shuǐpíng	shuǐpíng						

考 考 考 考 考 考									
考	考	考	考						
试 试 试 试 试 试 试 试									
试	试	试	试						
kǎoshì	kǎoshì	kǎoshì	kǎoshì						

衣衣衣衣衣衣

| 衣 | 衣 | 衣 | 衣 | | | | | | |

服服服服服服服服

| 服 | 服 | 服 | 服 | | | | | | |
| yīfu | yīfu | yīfu | yīfu | | | | | | |

好好好好好好

| 好 | 好 | 好 | 好 | | | | | | |

看看看看看看看看看

| 看 | 看 | 看 | 看 | | | | | | |
| hǎokàn | hǎokàn | hǎokàn | hǎokàn | | | | | | |

不不不不

| 不 | 不 | 不 | 不 | | | | | | |

错错错错错错错错错错错错

| 错 | 错 | 错 | 错 | | | | | | |
| búcuò | búcuò | búcuò | búcuò | | | | | | |

2. 아래 병음으로 표기된 부분은 한자로, 한자로 표기된 부분은 병음으로 옮겨보세요.

❶ 我最近 zhǔnbèi (　　　　)HSK。

❷ 这件衣服 héshì (　　　　)吗?

❸ 颜色(　　　　)怎么样?

❹ 我决定(　　　　)和他一起准备HSK。

❺ 我 shìshi (　　　　)小一点儿的。

3. 빈칸을 채워 문장을 완성해 보세요.

❶ HSK太(　　　)了。 HSK는 너무 어렵다.

❷ 颜色也(　　　)。 색상도 좋다.

❸ 可是(　　　)大。 그러나 좀 크다.

❹ 这是小(　　　)的。 이것은 좀 작은 것이다.

4. 다음 한국어를 중국어로 작성해 보세요.

❶ 그 중국어 책 어때?
→ _____

❷ 네 여동생은 정말 예쁘다.
→ _____

❸ 언니가 좀 더 예쁘다.
→ _____

❹ 이것은 아빠의 것이어서 좀 크다.
→ _____

❺ 이 옷은 크지도 않고 작지도 않고 딱 맞다. 나는 이 옷을 사기로 결정했다.
→ _____

5. 다음에 제시되는 문장 또는 대화문을 듣고 알맞은 표현을 찾아보세요.

❶ A 你最近怎么样?
　 B 我最近太累了。　　　　　　　　　　　　　　　　　(　　)

　a.　　　　　　　　　　b.　　　　　　　　　　c.

❷ A 这件衣服怎么样?
　 B 有点儿小。　　　　　　　　　　　　　　　　　　(　　)

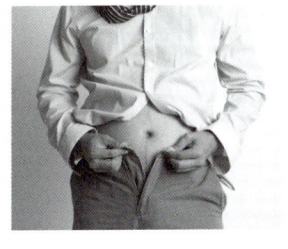

　a.　　　　　　　　　　b.　　　　　　　　　　c.

❸ 这是他喝的。　　　　　　　　　　　　　　　　　　　(　　)

　a.　　　　　　　　　　b.　　　　　　　　　　c.

10과

1. 다음 간체자를 획순에 따라 써본 후, 소리내어 읽어보세요.

打 打 打 打 打									
打	打	打	打						
算 算 算 算 算 算 算 算 算 算 算 算 算 算									
算	算	算	算						
dǎsuan	dǎsuan	dǎsuan	dǎsuan						

回 回 回 回 回 回									
回	回	回	回						
家 家 家 家 家 家 家 家 家 家									
家	家	家	家						
huíjiā	huíjiā	huíjiā	huíjiā						

休 休 休 休 休 休									
休	休	休	休						
息 息 息 息 息 息 息 息 息 息									
息	息	息	息						
xiūxi	xiūxi	xiūxi	xiūxi						

知	知	知	知						
道	道	道	道						
zhīdào	zhīdào	zhīdào	zhīdào						

那	那	那	那						
边	边	边	边						
nàbiān	nàbiān	nàbiān	nàbiān						

餐	餐	餐	餐						
厅	厅	厅	厅						
cāntīng	cāntīng	cāntīng	cāntīng						

2. 아래 병음으로 표기된 부분은 한자로, 한자로 표기된 부분은 병음으로 옮겨보세요.

   ❶ 今天晚上你 dǎsuan (　　　　)做什么?

   ❷ 我打算跟朋友一起去看电影(　　　　)。

   ❸ 周末我去 guàngjiē (　　　　)了。

   ❹ 那边怎么样? Hǎowánr (　　　　)吗?

   ❺ 我们学校有很多(　　　　)中国 liúxuéshēng (　　　　)。

3. 빈칸을 채워 문장을 완성해 보세요.

   ❶ 我们打算回家(　　　　)。 우리는 집으로 돌아가서 쉴 예정이다.

   ❷ 周末我(　　　　)跟朋友一起去(　　　　)。
   주말에 나와 친구는 함께 밥을 먹으러 가기로 결정했다.

   ❸ (　　　　), 我们去(　　　　)吧! 그럼, 우리 798예술구에 가자!

   ❹ (　　　　)我妈妈去(　　　　)了。 지난주에 우리 엄마는 출장을 가셨다.

4. 다음 한국어를 중국어로 작성해 보세요.

   ❶ 주말에 우리는 쇼핑을 갔었다.
   → _____

   ❷ 수업을 마친 후, 우리는 중국음식을 먹으러 갈 예정이다.
   → _____

   ❸ 우리는 화요일에 함께 중국어를 공부하기로 결정했다.
   → _____

   ❹ 내일 나는 영화를 보러갈 예정이(생각이) 없다.
   → _____

   ❺ 그곳은 재미 없다.
   → _____

5. 다음에 제시되는 문장 또는 대화문을 듣고 알맞은 표현을 찾아보세요.

❶ 明天我姐姐打算去买衣服。　　　　　　　　　　　　　　　(　　　)

　　　　a.　　　　　　　　　　b.　　　　　　　　　　c.

❷ A 这个周末你打算去哪儿?
　 B 还不知道！　　　　　　　　　　　　　　　　　　　　(　　　)

　　　　a.　　　　　　　　　　b.　　　　　　　　　　c.

❸ 那个餐厅有很多好吃的菜。　　　　　　　　　　　　　　　(　　　)

　　　　a.　　　　　　　　　　b.　　　　　　　　　　c.

11과

1. 다음 간체자를 획순에 따라 써본 후, 소리내어 읽어보세요.

故	故	故	故				
宫	宫	宫	宫				
Gùgōng	Gùgōng	Gùgōng	Gùgōng				

当	当	当	当				
然	然	然	然				
dāngrán	dāngrán	dāngrán	dāngrán				

漂	漂	漂	漂				
亮	亮	亮	亮				
piàoliang	piàoliang	piàoliang	piàoliang				

问	问	问	问						
题	题	题	题						
wèntí	wèntí	wèntí	wèntí						

地	地	地	地						
方	方	方	方						
dìfang	dìfang	dìfang	dìfang						

公	公	公	公						
园	园	园	园						
gōngyuán	gōngyuán	gōngyuán	gōngyuán						

11 我去过故宫。나는 고궁에 가본 적이 있어.

2. 아래 병음으로 표기된 부분은 한자로, 한자로 표기된 부분은 병음으로 옮겨보세요.

❶ 你去过故宫(　　　　)吗?

❷ 没问题(　　　　), 明天见!

❸ 我去过 Yíhéyuán (　　　　)和 Běihǎi (　　　　)公园。

❹ Bādálíng (　　　　)好看极了。

❺ 故宫很 piàoliang (　　　　)。

3. 빈칸을 채워 문장을 완성해 보세요.

❶ 你在北京去过(　　　　)地方? 너는 북경에서 어떤 곳에 가본 적이 있어?

❷ 我(　　　　)去过八达岭。 나는 아직 팔달령에 가본 적이 없다.

❸ 我(　　　　)去看看。 내가 그를 데리고(동반해서) 가서 한번 볼게.

❹ 你还去过(　　　　)? 너는 또 어느 곳에 가본 적이 있어?

4. 다음 한국어를 중국어로 작성해 보세요.

❶ 나는 박해진을 만난 적이 있다.

➡ _____

❷ 그녀의 오빠는 정말 잘생겼다.

➡ _____

❸ 나는 아직 중국차를 마셔본 적이 없다.

➡ _____

❹ 나는 엄마를 모시고 병원에 가볼 계획이다.

➡ _____

❺ 나는 북경에 가본 적이 없다. 정말 한번 가서 보고 싶다.

➡ _____

5. 다음에 제시되는 문장 또는 대화문을 듣고 알맞은 표현을 찾아보세요. 🎧 11-1

❶ 我吃过中国菜。   (   )

a.

b.

c.

❷ 八达岭好看极了。   (   )

a.

b.

c.

❸ 我陪弟弟去学校。   (   )

a.

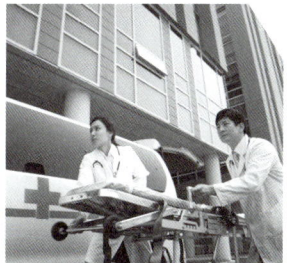
b.

c.

12과

1. 다음 간체자를 획순에 따라 써본 후, 소리내어 읽어보세요.

同 同 同 同 同 同									
同	同	同	同						
屋 屋 屋 屋 屋 屋 屋 屋 屋									
屋	屋	屋	屋						
tóngwū	tóngwū	tóngwū	tóngwū						

但 但 但 但 但 但 但									
但	但	但	但						
是 是 是 是 是 是 是 是 是									
是	是	是	是						
dànshì	dànshì	dànshì	dànshì						

怎 怎 怎 怎 怎 怎 怎 怎 怎									
怎	怎	怎	怎						
么 么 么									
么	么	么	么						
zěnme	zěnme	zěnme	zěnme						

交 交 交 交 交 交									
交	交	交	交						
流 流 流 流 流 流 流 流 流 流									
流	流	流	流						
jiāoliú	jiāoliú	jiāoliú	jiāoliú						

唱 唱 唱 唱 唱 唱 唱 唱 唱 唱									
唱	唱	唱	唱						
歌 歌 歌 歌 歌 歌 歌 歌 歌 歌 歌 歌									
歌	歌	歌	歌						
chànggē	chànggē	chànggē	chànggē						

放 放 放 放 放 放 放 放									
放	放	放	放						
假 假 假 假 假 假 假 假 假 假 假									
假	假	假	假						
fàngjià	fàngjià	fàngjià	fàngjià						

12 他会说汉语。그는 중국어를 말할 수 있어.

2. 아래 병음으로 표기된 부분은 한자로, 한자로 표기된 부분은 병음으로 옮겨보세요.

   ❶ 我 tóngwū (　　　　)是美国人, dànshì (　　　　)他会(　　　　)说汉语。

   ❷ 我的英语 bú tài hǎo (　　　　　), 我要(　　　　)学英语。

   ❸ 你们怎么 jiāoliú (　　　　　)?

   ❹ 有时候(　　　　　)我朋友唱中国歌。

   ❺ 我 zhǐ (　　　　) 会说韩语。

3. 빈칸을 채워 문장을 완성해 보세요.

   ❶ 他会说(　　　　)吗? 그는 영어를 할 줄 알아?

   ❷ (　　　　)怎么走? 너희 학교는 어떻게 가?

   ❸ 我不会(　　　　)。 나는 중국노래를 부를 줄 모른다.

   ❹ 我要帮她(　　　　)。 나는 그녀가 중국음식을 만드는 것을 도와주려고 한다.

4. 다음 한국어를 중국어로 작성해 보세요.

   ❶ 그는 중국음식을 할 수 있다. 그렇지만 나는 중국음식을 그다지 잘하지 못한다.

   ➡ _____

   ❷ 그의 집은 어떻게 가?

   ➡ _____

   ❸ 나는 사과를 사려고 해. 너는 나와 함께 가려고 하니 안 하니?

   ➡ _____

   ❹ 때로는 나는 중국음식을 먹고 싶지 않고, 한국음식도 먹고 싶지 않다.

   ➡ _____

   ❺ 내 중국친구는 한국노래를 한 곡만 할 수 있는데, 바로 안재욱(安在旭)의 ≪친구≫이다.

   ➡ _____

5. 다음에 제시되는 문장 또는 대화문을 듣고 알맞은 표현을 찾아보세요. 🎧 12-1

❶ 我要去中国看故宫。　　　　　　　　　　　　　　　　　（　　　）

a.

b.

c.

❷ 我爸爸会做菜。　　　　　　　　　　　　　　　　　　　（　　　）

a.

b.

c.

❸ 我要帮我弟弟做作业。　　　　　　　　　　　　　　　　（　　　）

a.

b.

c.

문장 활용하기

$$\text{我} + \begin{matrix}\text{早上八点}\\\text{上午十点}\\\text{中午十二点}\\\text{下午两点半}\end{matrix} + \text{上课。}$$

Key Point 2 几点 + 동사

시간에 따른 일정을 물을 때에는 '几点 + 동사'의 문장 유형을 사용한다.

예문
 A 你几点上课? Nǐ jǐ diǎn shàngkè? 너는 몇 시에 수업을 들어?
 B 我十点半上课。 Wǒ shí diǎn bàn shàngkè. 나는 10시 반에 수업을 들어.

문장 활용하기

$$\text{你} + \text{几点} + \begin{matrix}\text{上课?}\\\text{下课?}\\\text{起床?}\\\text{睡觉?}\end{matrix}$$

단어 上午 shàngwǔ 명 오전 / 中午 zhōngwǔ 명 정오, 낮 12시 / 起床 qǐchuáng 동 (잠자리에서) 일어나다, 기상하다 / 睡觉 shuìjiào 동 (잠을) 자다

🎧 06-4

3 明天星期二。

Míngtiān xīngqī'èr. ▶ 내일은 화요일이야.

Key Point 요일 묻고 답하기

① 중국어의 '星期'는 '요일'로, 다음과 같이 묻고 대답한다.

예문
 A 明天星期几? Míngtiān xīngqī jǐ? 내일은 무슨 요일이야?
 B 明天星期二。 Míngtiān xīngqī'èr. 내일은 화요일이야.

② 중국어로 요일을 셀 때는 다음과 같이 말한다.

월요일	화요일	수요일	목요일	금요일	토요일	일요일	주말
星期一 xīngqīyī	星期二 xīngqī'èr	星期三 xīngqīsān	星期四 xīngqīsì	星期五 xīngqīwǔ	星期六 xīngqīliù	星期天 xīngqītiān	周末 zhōumò
周一 zhōuyī	周二 zhōu'èr	周三 zhōusān	周四 zhōusì	周五 zhōuwǔ	周六 zhōuliù	周日 zhōurì	

문장 활용하기

今天 ＋ 星期一。
星期二。
星期五。
星期天。

- '星期'는 '이번 주', '다음 주'의 '주'의 의미로 다음과 같이 사용되기도 한다.

   A 星期三我上课。你呢？ Xīngqīsān wǒ shàngkè. Nǐ ne?
  수요일에 나는 수업을 들어. 너는?

  B 这(个)星期我不上课。 Zhè (ge) xīngqī wǒ bú shàngkè.
  이번 주에 나는 수업을 안 들어.

중국어로 날짜 및 주와 관련된 단어는 다음과 같은 것이 있다.

그저께	어제	오늘	내일	모레
前天 qiántiān	昨天 zuótiān	今天 jīntiān	明天 míngtiān	后天 hòutiān

지지난주	지난주	이번주	다음주	다다음주
上上(个)星期 shàngshang (ge) xīngqī	上(个)星期 shàng (ge) xīngqī	这(个)星期 zhè (ge) xīngqī	下(个)星期 xià (ge) xīngqī	下下(个)星期 xiàxia (ge) xīngqī

본문 익히기 1

🎧 06-5

张丽红　现在几点？❶
　　　　Xiànzài jǐ diǎn?

克里斯　现在九点。
　　　　Xiànzài jiǔ diǎn.

张丽红　你几点上课？
　　　　Nǐ jǐ diǎn shàngkè?

克里斯　我十点半上课。❷ 你呢？
　　　　Wǒ shí diǎn bàn shàngkè.　Nǐ ne?

张丽红　下午一点半上课。
　　　　Xiàwǔ yī diǎn bàn shàngkè.

본문 익히기 2

🎧 06-6

克里斯　海镇，明天星期几？
　　　　Hǎizhèn, míngtiān xīngqī jǐ?

朴海镇　明天星期二。❸
　　　　Míngtiān xīngqī'èr.

克里斯　明天你有课吗？
　　　　Míngtiān nǐ yǒu kè ma?

朴海镇　没有。星期二我没有课。
　　　　Méiyǒu. Xīngqī'èr wǒ méiyǒu kè.

'那(么)'를 줄여 쓴 말로 문장 앞에 위치한다.

克里斯　那，明天我们一起去书店，好吗？
　　　　Nà, míngtiān wǒmen yìqǐ qù shūdiàn, hǎo ma?

'……, 好吗?'는 상대방의 의견을 물어볼 때 사용되며, 대답에 사용된 '好'는 단독으로 쓰일 경우 '그래', '좋아'라는 의미로 찬성, 동의, 칭찬의 어기를 나타낸다. 영어의 'OK'에 해당된다.

朴海镇　好！几点？
　　　　Hǎo! Jǐ diǎn?

克里斯　差一刻十二点。
　　　　Chà yí kè shí'èr diǎn.

본문 익히기 3

🎧 06-7

我叫克里斯，是美国人。
Wǒ jiào Kèlǐsī, shì Měiguórén.

我在北京大学学习汉语。星期一我十点半上课。
Wǒ zài Běijīng Dàxué xuéxí Hànyǔ. Xīngqīyī wǒ shí diǎn bàn shàngkè.

明天是星期二。我朋友海镇星期二没有课。
Míngtiān shì xīngqī'èr. Wǒ péngyou Hǎizhèn xīngqī'èr méiyǒu kè.

我们明天差一刻十二点一起去书店。
Wǒmen míngtiān chà yí kè shí'èr diǎn yìqǐ qù shūdiàn.

✏️ 본문을 참조하여 자신의 상황에 맞게 중국어로 서술하세요.

我叫 _____ , 是 _____ 。

我在 _____ 学习汉语。星期一我 _____ 上课。

明天是 _____ 。_____ 我没有课。

연습문제

1. 병음을 보고 밑줄 친 부분에 알맞은 표현을 써넣어 대화문을 완성해 보세요.

❶ A 现在 (jǐ diǎn) _____ ?

　 B (Xiànzài jiǔ diǎn) _____ !

❷ A 你几点 (shàngkè) _____ ?

　 B 我 (shí diǎn bàn) _____ 上课。

❸ A 明天 (xīngqī jǐ) _____ ?

　 B 明天 (xīngqī'èr) _____ 。

2. 틀린 부분을 바르게 고쳐 보세요.

❶ 现在两点差一刻。 지금은 2시 15분 전이야.

➜ _____

❷ 你上课几点？ 너는 몇 시에 수업을 들어?

➜ _____

❸ 我没有课明天。 나는 내일 수업이 없어.

➜ _____

❹ 我们去书店星期二。 화요일에 우리는 서점에 가.

➜ _____

연습문제

3. 제시된 단어를 어순에 맞게 배열해 보세요.

❶ 星期六 / 明天   내일은 토요일이야.

→ _____

❷ 点 / 差 / 一 / 刻 / 三 / 现在   지금은 3시 15분 전이야.

→ _____

❸ 星期二 / 今天 / 是 / 不   오늘은 화요일이 아니야.

→ _____

❹ 明天 / 我 / 书店 / 去 / 九点   나는 내일 9시에 서점에 가.

→ _____

4. 아래 상황에 맞게 알맞은 중국어 표현을 말해보세요.

❶ 오늘은 월요일이다. 월요일에 나는 10시 반에 수업을 듣고, 1시 15분 전에 수업을 마친다.

→ _____

_____

❷ 화요일에 나는 수업이 없다. 나는 2시 15분 전에 도서관에 간다. 나는 도서관에서 중국어 공부를 한다.

→ _____

_____

연습문제

5. 다음 그림을 보고 몇 시인지 질문에 알맞은 대답을 하세요.

> 질문　现在几点？

❶ 　　　　❷ 　　　　❸ 　　　　❹

_____。　_____。　_____。　_____。

6. 해진의 시간표를 보고 다음 물음에 답하세요.

❶　A　他几点睡觉？

　　B _____。

❷　A　他中午几点吃饭？

　　B _____。

❸　A　他几点去图书馆？

　　B _____。

❹　A　他几点上课？

　　B _____。

7. 다음 그림을 보고 무슨 요일인지 질문에 알맞은 대답을 하세요.

> 질문 今天星期几？

❶ _____ 。   ❷ _____ 。   ❸ _____ 。   ❹ _____ 。

8. 자신의 시간표를 직접 그려본 후, 하단의 참고 단어를 활용하여 자신의 일과를 설명해 보세요.

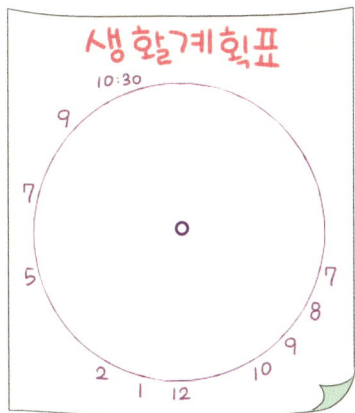

_____

_____

_____

_____

> 단어   起床 qǐchuáng 동 (잠자리에서) 일어나다, 기상하다 / 吃饭 chīfàn 동 밥을 먹다 / 早饭 zǎofàn 명 아침(밥) /
> 上课 shàngkè 동 수업을 하다, 수업을 듣다 / 下课 xiàkè 동 수업을 마치다 / 上班 shàngbān 동 출근하다 /
> 下班 xiàbān 동 퇴근하다 / 午饭 wǔfàn 명 점심(밥) / 晚饭 wǎnfàn 명 저녁(밥) / 玩儿 wánr 동 놀다 /
> 休息 xiūxi 동 휴식하다, 쉬다 / 睡觉 shuìjiào 동 (잠을) 자다

7 과

我今年二十岁。
Wǒ jīnnián èrshí suì.

나는 올해 20살이야.

기본문장

1. **你今年多大？**
   Nǐ jīnnián duōdà?
   너는 올해 몇 살이야?

2. **你的生日是几月几号？**
   Nǐ de shēngrì shì jǐ yuè jǐ hào?
   네 생일은 몇 월 며칠이야?

3. **我们去北京饭店吃饭吧！**
   Wǒmen qù Běijīng fàndiàn chīfàn ba!
   우리 북경호텔에 가서 밥 먹자!

Key Point

나이를 묻는 표현

날짜 표현

연동문

어기조사 **吧**

새로 나온 단어 🎧 07-1

- 今年　　　　jīnnián　　　　　　명 올해, 금년
- 多大　　　　duōdà　　　　　　(나이가) 얼마인가
- 岁　　　　　suì　　　　　　　양 세, 살 [나이를 셀 때 쓰는 단위]
- 的　　　　　de　　　　　　　조 의, -ㄴ [관형어 뒤에 쓰여 종속관계임을 나타냄]
- 生日　　　　shēngrì　　　　　 명 생일
- 几月几号　　jǐ yuè jǐ hào　　　 몇 월 며칠
  ※ 月 yuè 명 월, 달 ｜ 号 hào 명 일, 날짜
- 奶奶　　　　nǎinai　　　　　　명 할머니
- 时间　　　　shíjiān　　　　　　명 시간
- 事　　　　　shì　　　　　　　명 일
- 吃饭　　　　chīfàn　　　　　　동 밥을 먹다
  ※ 吃 chī 동 먹다 ｜ 饭 fàn 동 밥, 식사
- 吧　　　　　ba　　　　　　　조 문장 맨 끝에 쓰여 청유(~하자), 추측(~이죠?) 등의 어기를 나타냄
- 北京饭店　　Běijīng fàndiàn　　 북경호텔
  ※ 饭店 fàndiàn 명 호텔

기본문장 알기

🎧 07-2

1 你今年多大?

Nǐ jīnnián duōdà? ▶ 너는 올해 몇 살이야?

Key Point 나이를 묻는 표현

'你今年多大?'는 나이를 묻는 표현으로 주로 10세 이상 또는 동년배에게 사용한다. 여기에서 '多大'는 '얼마만큼 큰가요?'라는 뜻이다. 중국어에서는 상대방의 나이에 따라 다른 표현을 사용해 나이를 묻는다.

	질문	대답
10세 미만	你今年几岁? Nǐ jīnnián jǐ suì? 너는 올해 몇 살이야?	我今年六岁。 Wǒ jīnnián liù suì. 나는 올해 6살입니다.
10세 이상 또는 동년배	你今年多大? Nǐ jīnnián duōdà? 당신은 올해 몇 살입니까?	我今年二十四(岁)。 Wǒ jīnnián èrshísì (suì). 저는 올해 24살입니다.
어르신	您今年多大年纪? Nín jīnnián duōdà niánjì? 올해 연세가 어떻게 되십니까?	我今年五十五(岁)。 Wǒ jīnnián wǔshíwǔ (suì). 저는 올해 55살입니다.

문장 활용하기

我 + 今年 + 六岁。
二十九(岁)。
四十七(岁)。
八十(岁)。

Tip!
나이를 묻는 말에 대답할 때 나이가 10세 이상일 경우에는 '岁'를 생략해 '我今年二十四。(Wǒ jīnnián èrshísì.)'라고 말할 수도 있다.

단어 年纪 niánjì 명 연세, 나이

2. 你的生日是几月几号？

Nǐ de shēngrì shì jǐ yuè jǐ hào? ▶ 네 생일은 몇 월 며칠이야?

Key Point 날짜 표현

① '몇 월 며칠'인가를 물을 때에는 일반적으로 월이 10 미만이므로 '几月'라고 묻고, 날짜는 월과의 조화를 고려해 '几号'을 사용하여 '几月几号'를 사용한다.

예문

A 你的生日是几月几号？ Nǐ de shēngrì shì jǐ yuè jǐ hào?
   네 생일은 몇 월 며칠이야?

B 我的生日是十二月二十四号。 Wǒ de shēngrì shì shí'èr yuè èrshísì hào.
   내 생일은 12월 24일이야.

② 월과 일을 표현하는 방식은 다음과 같다. 월은 '月'라고 하고, 일은 '号' 또는 '日(rì)' 두 가지로 쓸 수 있는데, '日'는 회화에서보다는 서면어에 주로 쓰인다.

1월	一月 yī yuè	1일	一号 yī hào	20일	二十号 èrshí hào
2월	二月 èr yuè	2일	二号 èr hào	21일	二十一号 èrshíyī hào
3월	三月 sān yuè	3일	三号 sān hào	22일	二十二号 èrshí'èr hào
4월	四月 sì yuè	4일	四号 sì hào	~	
5월	五月 wǔ yuè	5일	五号 wǔ hào	30일	三十号 sānshí hào
6월	六月 liù yuè	6일	六号 liù hào	31일	三十一号 sānshíyī hào
7월	七月 qī yuè	7일	七号 qī hào		
8월	八月 bā yuè	8일	八号 bā hào		
9월	九月 jiǔ yuè	9일	九号 jiǔ hào		
10월	十月 shí yuè	10일	十号 shí hào		
11월	十一月 shíyī yuè	11일	十一号 shíyī hào		
12월	十二月 shí'èr yuè	12일	十二号 shí'èr hào		

문장 활용하기

你的生日
他的生日
你哥哥的生日   + 是 + 几月几号?
老师，您的生日

Tip!

년도를 표현하는 방식은 다음과 같다.

재작년	작년	올해	내년	내후년
前年 qiánnián	去年 qùnián	今年 jīnnián	明年 míngnián	后年 hòunián

🎧 07-4

3. 我们去北京饭店吃饭吧！

Wǒmen qù Běijīng fàndiàn chīfàn ba! ▶ 우리 북경호텔에 가서 밥 먹자!

Key Point 1 연동문(동작1 + 동작2)

연이어 발생하는 두 가지 이상의 동작을 쉼표 없이 연결한 문장을 연동문이라고 한다. 동사는 일반적으로 동작의 발생순서에 따라 배열한다.

동작1	동작2	동작1 + 동작2
去 qù 가다	吃 chī 먹다	去吃 qù chī 가서 먹다
去 qù 가다	吃饭 chīfàn 밥을 먹다	去吃饭 qù chīfàn 가서 밥을 먹다
去北京饭店 qù Běijīng fàndiàn 북경호텔에 가다	吃饭 chīfàn 밥을 먹다	去北京饭店吃饭 qù Běijīng fàndiàn chīfàn 북경호텔에 가서 밥을 먹다

문장 활용하기

我				学校		**学习** 汉语。
我	**+**	**去**	**+**	电影院	**+**	**看** 电影。
他				图书馆		**做** 作业。
丽红				医院		**看** 病。

> **Tip!**
> 연동문은 문맥에 따라 다양하게 해석될 수 있다. '去北京饭店吃饭。(Qù Běijīng fàndiàn chīfàn.)'의 경우 '북경호텔에 가서 밥을 먹다'처럼 발생하는 동작의 순서대로 해석할 수도 있고, '북경호텔에 밥 먹으러 가다'처럼 목적관계로 해석할 수도 있다.

Key Point 2 어기조사 吧(청유)

중국어에서는 말투를 나타내는 조사를 어기조사라고 한다. 어기조사 '吧'는 다음과 같이 문장의 끝에 쓰여 청유의 의미를 나타낸다.

기본 형식 문장 + 吧

- 我们一起吃饭**吧**。 Wǒmen yìqǐ chīfàn ba. ▶ 우리 함께 밥 먹자.
- 我们一起学习汉语**吧**。 Wǒmen yìqǐ xuéxí Hànyǔ ba. ▶ 우리 함께 중국어를 공부하자.
- 我们一起去书店**吧**。 Wǒmen yìqǐ qù shūdiàn ba. ▶ 우리 함께 서점에 가자.

> **Tip!**
> 어기조사 '吧'는 때로는 '你去吧。(Nǐ qù ba.)'처럼 '당신이 가세요.'라는 뜻으로 쓰이며, 가벼운 어기의 명령을 나타내기도 한다.

단어 电影院 diànyǐngyuàn 명 영화관, 극장 / 电影 diànyǐng 명 영화 / 看病 kànbìng 동 진찰하다, 진찰을 받다 / 病 bìng 명 병, 질병

본문 익히기 1

🎧 07-5

张丽红　导喜，你今年多大？❶
　　　　Dǎoxǐ, nǐ jīnnián duōdà?

梁导喜　我今年二十岁。
　　　　Wǒ jīnnián èrshí suì.

张丽红　你的生日是几月几号？❷
　　　　Nǐ de shēngrì shì jǐ yuè jǐ hào?

梁导喜　我的生日是十二月二十四号。
　　　　Wǒ de shēngrì shì shí'èr yuè èrshísì hào.

张丽红　我奶奶的生日也是十二月二十四号。
　　　　Wǒ nǎinai de shēngrì yě shì shí'èr yuè èrshísì hào.

> 가족, 친구, 소속을 나타내는 경우 '的'를 생략한다.
> 예) 我爸爸 wǒ bàba 우리 아빠
> 　　我朋友 wǒ péngyou 내 친구
> 　　我们学校 wǒmen xuéxiào 우리 학교

07 我今年二十岁。나는 올해 20살이야. 117

본문 익히기 2

🎧 07-6

李晨　　导喜，明天你有时间吗？
　　　　Dǎoxǐ, míngtiān nǐ yǒu shíjiān ma?

梁导喜　有。你有什么事？
　　　　Yǒu.　Nǐ yǒu shénme shì?

李晨　　明天是我的生日。
　　　　Míngtiān shì wǒ de shēngrì.

> '是吗?'는 한국어의 '그렇습니까?'에 해당하는 말이다.

梁导喜　是吗？那，我们一起去吃饭吧！
　　　　Shì ma?　Nà, wǒmen yìqǐ qù chīfàn ba!

李晨　　好！我们去哪儿吃饭？
　　　　Hǎo!　Wǒmen qù nǎr chīfàn?

梁导喜　**我们去北京饭店吃饭吧！**❸
　　　　Wǒmen qù Běijīng fàndiàn chīfàn ba!

본문 익히기 3

🎧 07-7

我叫梁导喜。我今年二十岁。
Wǒ jiào Liáng Dǎoxǐ. Wǒ jīnnián èrshí suì.

我的生日是十二月二十四号。
Wǒ de shēngrì shì shí'èr yuè èrshísì hào.

我有一个中国朋友，她叫丽红。
Wǒ yǒu yí ge Zhōngguó péngyou, tā jiào Lìhóng.

她奶奶的生日也是十二月二十四号。
Tā nǎinai de shēngrì yě shì shí'èr yuè èrshísì hào.

李晨是我朋友。他今年二十四岁。
Lǐ Chén shì wǒ péngyou. Tā jīnnián èrshísì suì.

明天是他的生日。我们一起去北京饭店吃饭。
Míngtiān shì tā de shēngrì. Wǒmen yìqǐ qù Běijīng fàndiàn chīfàn.

✏️ 본문을 참조하여 자신의 상황에 맞게 중국어로 서술하세요.

我叫　　　　　。我今年　　　　　岁。

我的生日是　　　　　。我有一个　　　　　朋友，

他(她)叫　　　　　。他(她)今年　　　　　岁。

明天是他(她)的生日。我们一起去　　　　　。

> **연습문제**

1. 병음을 보고 밑줄 친 부분에 알맞은 표현을 써넣어 대화문을 완성해 보세요.

   ❶ A 你今年 (duōdà) _____ ？

      B 我今年 (èrshí suì) _____ 。

   ❷ A 你的生日是 (jǐ yuè jǐ hào) _____ 。

      B 我的生日是 (shí'èr yuè èrshísì hào) _____ 。

   ❸ A 我们去 (nǎr) _____ 吃饭？

      B 我们去 (Běijīng fàndiàn) _____ 吃饭。

2. 틀린 부분을 바르게 고쳐 보세요.

   ❶ 他今年十。 그는 올해 10살이다.

   → _____

   ❷ 明天你时间有吗？ 내일 너 시간 있어?

   → _____

   ❸ 我妈妈今年五十年纪。 우리 엄마는 올해 50세이셔.

   → _____

   ❹ 我奶奶的生日是十二月二十四号也。 우리 할머니 생신도 12월 24일이야.

   → _____

연습문제

3. 제시된 단어를 어순에 맞게 배열해 보세요.

① 有 / 什么 / 你 / 事 너 무슨 일 있어?

→ _____

② 有 / 明天 / 你 / 时间 / 吗 너 내일 시간 있어?

→ _____

③ 他 / 生日 / 的 / 是 / 明天 내일은 그의 생일이야.

→ _____

④ 我们 / 去 / 吃饭 / 一起 / 吧 우리 함께 가서 밥 먹자.

→ _____

4. 아래 상황에 맞게 알맞은 중국어 표현을 말해 보세요.

① 나는 중국친구가 한 명 있다. 그녀는 이름은 리홍이라고 부른다. 그녀의 할머니 생신도 12월 24일이다.

→ _____

② 내일은 리천의 생일이다. 우리는 함께 북경호텔에 가서 밥을 먹는다.

→ _____

연습문제

5. 다음 빈칸에 알맞은 답을 적으세요.

(1) 괄호 안의 단어를 이용해 다음 질문에 맞는 대답을 적으세요.

❶ A 你的生日是几月几号？　Nǐ de shēngrì shì jǐ yuè jǐ hào?

　　B _____。 (5월 15일)

❷ A 他的生日是几月几号？　Tā de shēngrì shì jǐ yuè jǐ hào?

　　B _____。 (9월 18일)

(2) 다음 대답에 맞는 질문을 적으세요.

❶ A _____?

　　B 我今年六岁。　Wǒ jīnnián liù suì.

❷ A _____?

　　B 我今年二十。　Wǒ jīnnián èrshí.

❸ A _____?

　　B 我爸爸今年五十七。　Wǒ bàba jīnnián wǔshíqī.

(3) 괄호 안의 단어를 이용해 다음 질문에 맞는 대답을 적으세요.

❶ A 我们去哪儿吃饭？　Wǒmen qù nǎr chīfàn?

　　B _____。（北京饭店）

❷ A 我们去书店买什么？　Wǒmen qù shūdiàn mǎi shénme?

　　B _____。（汉语书）

ALL ABOUT CHINA!

중국의 4대 요리 (1)

중국에는 예로부터 '南甜 nántián, 北咸 běixián, 东辣 dōnglà, 西酸 xīsuān(남방사람들은 단 것을 좋아하고, 북방사람들은 짠 것을 좋아하며, 동부사람들은 매운 것을 좋아하고, 서부사람들은 신 것을 좋아한다)'이라는 말이 전해지고 있습니다. 중국요리는 지리, 기후, 자원, 풍속, 습관의 차이로 각 지역의 특색이 짙은데, 그 중에서 지역을 중심으로 이루어진 중국의 4대 요리는 다음과 같습니다.

1 사천요리(川菜 chuāncài)

사천요리는 중국의 가장 큰 곡창지대인 사천 지방을 중심으로 그 일대에서 탄생된 요리를 가리키는데, 야생 동식물이나 채소류, 민물고기 등을 주재료로 한 요리들이 많습니다. 그리고 더운 기후로 인해 요리가 빨리 부패되는 것을 막기 위해 마늘, 파, 고추 등의 향신료를 많이 사용하는 것이 특징이어서 향이 짙고 맛이 강하며 맵고 얼얼한 음식이 많습니다.

대표 요리로는 '火锅 huǒguō'가 있는데, 입안이 얼얼할 정도로 매운 육수에 각종 재료를 담가 익혀 먹는 일종의 샤브샤브로 매운 것을 즐기는 우리의 입맛에도 잘 맞는 음식입니다. 그 외 유명한 음식으로는 '麻婆豆腐 Mápó dòufu', '宫保鸡丁 Gōngbǎo jīdīng', '鱼香肉丝 Yúxiāng ròusī' 등이 있습니다.

홍탕과 백탕을 즐길 수 있는 火锅

맛있는 두부요리 麻婆豆腐

2 광동요리 (粤菜 Yùcài)

광동요리는 광동 지방을 중심으로 그 지역에서 먹는 요리를 가리키는데, 광동 일대는 해안가를 끼고 있어 해산물을 주재료로 하여 신선하고 연하며 바삭바삭한 특징이 있습니다. 해안가의 특성상 예로부터 서방국가와의 접촉이 빈번해 서양요리의 장점을 흡수하여 발전한 것도 특징이라고 할 수 있습니다.

대표 요리로는 30여 가지의 산해진미를 넣고 4시간 이상 끓여낸 요리인 '불도장(佛跳墙 Fótiàoqiáng)'과 '脆皮乳猪 Cuìpí rǔzhū', '冬瓜盅 Dōngguāzhōng', '龙虎斗 Lónghǔdòu' 등이 있습니다.

몸보신에 딱! 佛跳墙   어린 돼지를 통째로 脆皮乳猪

8과

我想吃中国菜。
Wǒ xiǎng chī Zhōngguócài.

나는 중국음식을 먹고 싶어.

> **기본문장**

1. **你饿不饿?**
   Nǐ è bu è?
   너 배가 고파 안 고파?

2. **你想吃什么?**
   Nǐ xiǎng chī shénme?
   너는 뭐 먹고 싶어?

3. **我们尝尝吧！**
   Wǒmen chángchang ba!
   우리 한번 먹어보자!

> **Key Point**

정반의문문

조동사 想

1음절 동사의 중첩

새로 나온 단어 🎧 08-1

- 饿　　　　è　　　　　　　　형 배고프다
- 想　　　　xiǎng　　　　　　조동 ~하고 싶다
  ↔ 不想 bù xiǎng 조동 ~하고 싶지 않다
- 中国菜　　Zhōngguócài　　　중국음식, 중국요리
  ※ 菜 cài 명 요리
- 走　　　　zǒu　　　　　　　동 가다, 걷다
- 喜欢　　　xǐhuan　　　　　 동 좋아하다
- 锅包肉　　guōbāoròu　　　　명 찹쌀탕수육, 꿔바오러우
- 听说　　　tīngshuō　　　　　듣자하니, 듣건대
  ※ 听 tīng 동 듣다 | 说 shuō 동 말하다
- 食堂　　　shítáng　　　　　 명 (학교, 회사 등 기관에 소속된) 구내식당
- 铁板牛肉　tiěbǎn niúròu　　 명 철판소고기볶음, 티에반니우러우
- 好吃　　　hǎochī　　　　　　형 맛있다
- 尝尝　　　chángchang　　　　좀 맛을 보다, 한번 맛을 보다
  ※ 尝 cháng 동 맛보다, 시식하다
- 下课　　　xiàkè　　　　　　 동 수업을 마치다
  ↔ 上课 shàngkè 동 수업을 듣다, 수업을 하다
- 以后　　　yǐhòu　　　　　　 명 이후
  ↔ 以前 yǐqián 명 이전
- 决定　　　juédìng　　　　　 동 결정하다

기본문장 알기

🎧 08-2

1 你饿不饿？

Nǐ è bu è? ▶ 너 배가 고파 안 고파?

Key Point 정반의문문(A不A?)

정반의문문은 동사 또는 형용사의 '긍정형 + 부정형(A + 不A)'을 함께 사용해 구성하는 의문문이다. 정반의문문에서는 의문조사 '吗'는 사용할 수 없다.

문장 활용하기: 형용사 정반의문문

你 + 忙不忙?
     好不好?
     累不累?

문장 활용하기: 동사 정반의문문

你 + 是不是   + 韩国人?
     有没有   课?
     喜(欢)不喜欢 中国菜?

Tip!

• 정반의문문에서 동사나 형용사가 2음절(AB)인 경우, 일반적으로 긍정형은 첫음절만 사용해 'A不AB'로 사용한다.

예문　不喜欢?　Xǐ(huan) bu xǐhuan?　좋아해 안 좋아해?

08 我想吃中国菜。나는 중국음식을 먹고 싶어.　127

2 你想吃什么？

Nǐ xiǎng chī shénme? ▶ 너는 뭐 먹고 싶어?

Key Point 조동사 想

'想'은 한국어 '~하고 싶다'는 뜻의 조동사로, 반드시 동사 앞에 사용한다. '想'의 부정형은 '不想(~하고 싶지 않다)'이다.

긍정문	我**想**吃中国菜。Wǒ xiǎng chī Zhōngguócài. 나는 중국음식을 먹고 싶어.
부정문	我**不想**吃中国菜。Wǒ bù xiǎng chī Zhōngguócài. 나는 중국음식을 먹기 싫어.
의문문	你**想**吃中国菜**吗**？Nǐ xiǎng chī Zhōngguócài ma? 너는 중국음식 먹고 싶어?
정반의문문	你**想不想**吃中国菜？Nǐ xiǎng bu xiǎng chī Zhōngguócài? 너는 중국음식 먹고 싶어 안 먹고 싶어?

문장 활용하기

我 + 想 + 吃中国菜。
　　　　　　去公园。
　　　　　　听音乐。
　　　　　　买汉语书。

Tip!

'想'은 동사로도 쓰여 '생각하다, 그리워하다, 보고싶다'의 의미를 가지기도 한다.

예문　我想妈妈。Wǒ xiǎng māma. 나는 엄마가 보고싶어.
　　　我想你。Wǒ xiǎng nǐ. 나는 네가 보고싶어.

 公园 gōngyuán 명 공원

3 我们尝尝吧！

Wǒmen chángchang ba! ▶ 우리 한번 먹어보자!

Key Point 1음절 동사의 중첩(AA형)

중국어에서는 동사나 형용사를 두 번 겹쳐 사용하는 경우가 있는데 이런 것을 중첩이라고 한다. 동사가 중첩을 하게 되면 '한번 ~하다, 좀 ~하다'의 의미를 가진다.

문장 활용하기

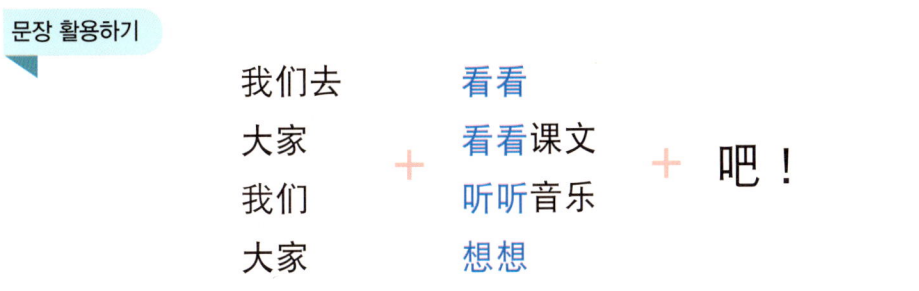

Tip!

- 모든 동사와 형용사를 중첩할 수 있는 것은 아니다. 동작이나 행위를 나타내는 동사와 형용사만 중첩이 가능하며, 심리를 나타내거나 변화, 존재 등을 나타내는 동사·형용사는 중첩이 불가능하다.

  예문 (X) 爱爱 àiai、有有 yǒuyou、在在 zàizai

 课文 kèwén 명 본문

본문 익히기 1

🎧 08-5

克里斯　海镇，你饿不饿？❶
　　　　Hǎizhèn, nǐ è bu è?

朴海镇　我很饿。我们去吃饭吧。
　　　　Wǒ hěn è.　　Wǒmen qù chīfàn ba.

克里斯　你想吃什么？❷
　　　　Nǐ xiǎng chī shénme?

朴海镇　我想吃中国菜。你呢？
　　　　Wǒ xiǎng chī Zhōngguócài. Nǐ ne?

克里斯　我也想吃中国菜。
　　　　Wǒ yě xiǎng chī Zhōngguócài.

朴海镇　好！走吧！
　　　　Hǎo!　Zǒu ba!

본문 익히기 2

🎧 08-6

克里斯 你喜欢吃中国菜吗?
Nǐ xǐhuan chī Zhōngguócài ma?

> '喜欢'은 사람의 감정을 나타내는 동사이므로, '很, 非常' 등의 수식을 받을 수 있다.

朴海镇 我很喜欢吃中国菜。
Wǒ hěn xǐhuan chī Zhōngguócài.

克里斯 你喜欢吃什么中国菜?
Nǐ xǐhuan chī shénme Zhōngguócài?

> '好 + 동사'는 '~하기 좋다'라는 뜻이다.
> 예) 好吃 hǎochī 먹기 좋다, 맛있다
>   好看 hǎokàn 보기 좋다, 재미있다
>
> 반대의 의미인 '~하기 어렵다/좋지 않다/나쁘다'라는 뜻으로는 '难 + 동사'를 사용한다.
> 예) 难吃 nánchī 맛이 없다
>   难看 nánkàn 못생기다, 보기 싫다

朴海镇 我喜欢吃锅包肉。
Wǒ xǐhuan chī guōbāoròu.

克里斯 听说,留学生食堂的铁板牛肉很好吃。
Tīngshuō, liúxuéshēng shítáng de tiěbǎn niúròu hěn hǎochī.

朴海镇 是吗? 我们尝尝吧!❸
Shì ma?   Wǒmen chángchang ba!

08 我想吃中国菜。 나는 중국음식을 먹고 싶어. **131**

본문 익히기 3

下课以后，我和克里斯都很饿。
Xiàkè yǐhòu, wǒ hé Kèlǐsī dōu hěn è.

我们都想吃中国菜。我喜欢吃锅包肉。
Wǒmen dōu xiǎng chī Zhōngguócài. Wǒ xǐhuan chī guōbāoròu.

克里斯说留学生食堂的铁板牛肉很好吃。
Kèlǐsī shuō liúxuéshēng shítáng de tiěbǎn niúròu hěn hǎochī.

我们决定去尝尝。
Wǒmen juédìng qù chángchang.

✏️ 본문을 참조하여 자신의 상황에 맞게 중국어로 서술하세요.

_____ 以后，我和 _____ 都想吃 _____。学校食堂的 _____ 很好吃。我们 _____ 去 _____！

연습문제

1. 병음을 보고 밑줄 친 부분에 알맞은 표현을 써넣어 대화문을 완성해 보세요.

   ❶ A 你 (è bu è) _____ ?

      B 我很饿。

   ❷ A 你 (xiǎng) _____ 吃什么？

      B 我想 (chī Zhōngguócài) _____ 。

   ❸ A 你 (xǐhuan) _____ 吃什么中国菜？

      B 我喜欢吃 (guōbāoròu) _____ 。

2. 틀린 부분을 바르게 고쳐 보세요.

   ❶ 我看想电视。 나는 텔레비전을 보고 싶어.

   → _____

   ❷ 我想不学习汉语。 나는 중국어를 공부하고 싶지 않아.

   → _____

   ❸ 他吃锅包肉喜欢。 그는 찹쌀탕수육 먹는 것을 좋아해.

   → _____

   ❹ 你喜欢不喜欢吃中国菜吗？ 너는 중국음식 먹는 것을 좋아해 안 좋아해?

   → _____

연습문제

3. 제시된 단어를 어순에 맞게 배열해 보세요.

❶ 不 / 你 / 饿 / 现在 / 饿   지금 너는 배가 고파 안 고파?

→ _____

❷ 不想 / 中国菜 / 你们 / 想 / 吃   너희들은 중국음식 먹고 싶어 안 먹고 싶어?

→ _____

❸ 中国菜 / 吃 / 喜欢 / 他   그는 중국음식을 먹는 것을 좋아해.

→ _____

❹ 食堂 / 锅包肉 / 很 / 好吃 / 的 / 说 / 她
그녀는 식당의 찹쌀탕수육이 매우 맛있다고 했다.

→ _____

4. 아래 상황에 맞게 알맞은 중국어 표현을 말해보세요.

❶ 수업을 마친 후, 나는 배가 고프다. 나는 중국음식을 먹고 싶다.

→ _____

❷ 듣자하니, 유학생 식당의 철판소고기볶음이 맛있다고 한다. 나는 가서 한번 먹어보기로 결정했다.

→ _____

ALL ABOUT CHINA!

중국의 4대 요리 (2)

3 산동요리(鲁菜 Lǔcài)

산동요리는 산동성을 중심으로 황하 유역과 그 외 북방지역의 음식을 가리킵니다. 이 일대는 농촌 지대와 해안가를 끼고 있어 예부터 식재료가 풍부했습니다. 이 지역 요리는 재료 본연의 맛을 중시하는 특징이 있고 파, 마늘, 생강을 많이 사용하여 향이 좋으며 씹는 맛이 부드럽고 색채가 선명한 것으로 유명합니다.

해삼 요리의 대명사, 葱扒海参

탕수소스와 민물고기의 만남! 糖醋鱼

대표 요리로는 '糖醋鱼 Tángcùyú', '葱扒海参 Cōngpā hǎishēn', '红烧海螺 Hóngshāo hǎiluó', '清蒸加吉鱼 Qīngzhēng jiājíyú', '九转大肠 Jiǔzhuǎn dàcháng' 등이 있습니다

먹음직스러운 소라요리 红烧海螺

4 강소요리(苏菜 Sūcài)

강소요리는 양자강 하류 일대 강남 지역의 요리를 가리키는데, 이 지역 비옥한 평야의 농산물과 양자강·동중국해의 풍부한 해산물에 화려한 강남의 도시문화가 어우러져 탄생한 요리입니다. 이 지역 요리는 다양한 식재료 맛을 살려 접시에 담아 색이나 형태의 조화를 중시하며 맛에 있어서는 담백하고 신선하며 바삭바삭하고 부드럽다는 특징이 있습니다. 다양한 식재료를 쓰지만 그 중에서도 민물고기를 주재료로 하는 요리가 많습니다.

대표 요리로는 '淮扬狮子头 Huáiyáng shīzitóu', '火烧马鞍桥 Huǒshāo mǎ'ānqiáo', '松鼠桂鱼 Sōngshǔ guìyú', '叫花鸡 Jiàohuājī' 등이 있습니다.

고기완자 요리 淮扬狮子头

드렁허리로 만든 火烧马鞍桥

화려한 민물고기요리 松鼠桂鱼

9 과

你最近怎么样？
Nǐ zuìjìn zěnmeyàng?

너는 요즘 어때?

기본문장

1. **你最近怎么样?**
   Nǐ zuìjìn zěnmeyàng?
   너는 요즘 어때?

2. **HSK太难了！**
   HSK tài nán le!
   HSK는 너무 어려워!

3. **这是小一点儿的。**
   Zhè shì xiǎo yìdiǎnr de.
   이것은 좀 작은 거야.

Key Point

의문사 **怎么样**

정도 표현 **太……了**

一点儿 과 **有点儿**

조사 **的**

새로 나온 단어 🎧 09-1

- 怎么样　　　zěnmeyàng　　　　　어떻다, 어떠하다 [주로 의문문에 쓰임]
- 准备　　　　zhǔnbèi　　　　　　동 준비하다 / ~하려고 하다, ~할 작정(계획)이다
- 汉语水平考试　Hànyǔ Shuǐpíng Kǎoshì　명 중국어능력시험, 한어수평고시(HSK)
- 太　　　　　tài　　　　　　　　부 대단히, 매우, 아주, 극히
- 难　　　　　nán　　　　　　　 형 어렵다, 힘들다, 곤란하다
- 了　　　　　le　　　　　　　　조 문장의 끝에 쓰여 감탄을 나타냄
- 件　　　　　jiàn　　　　　　　양 벌 [옷을 세는 단위]
- 衣服　　　　yīfu　　　　　　　 명 옷, 의복
- 好看　　　　hǎokàn　　　　　　형 아름답다, 근사하다, 보기 좋다
- 可是　　　　kěshì　　　　　　　접 그러나, 하지만, 그렇지만
- 有点儿　　　yǒudiǎnr　　　　　부 조금, 약간
- 大　　　　　dà　　　　　　　　형 (부피, 면적 등이) 크다, 넓다
  ↔ 小 xiǎo 형 (부피, 면적 등이) 작다, 적다
- 一点儿　　　yìdiǎnr　　　　　　양 조금, 약간
- 合适　　　　héshì　　　　　　　형 적당(적합)하다, 알맞다
- 正　　　　　zhèng　　　　　　　부 딱, 꼭, 마침
- 颜色　　　　yánsè　　　　　　　명 색, 색깔
- 不错　　　　búcuò　　　　　　　형 좋다, 괜찮다, 잘하다
- 就　　　　　jiù　　　　　　　　부 바로 (사실이 바로 그러하다는 것을 나타냄)
- 买　　　　　mǎi　　　　　　　　동 사다
  ↔ 卖 mài 동 팔다
- 试试　　　　shìshi　　　　　　 입어보다, 시험 삼아 해보다
  ※ 试 shì 동 시험삼아 해보다, 시험하다

기본문장 알기

🎧 09-2

1. 你最近怎么样?

Nǐ zuìjìn zěnmeyàng? ▶ 너는 요즘 어때?

Key Point 의문사 **怎么样**

의문사 '怎么样'은 한국어의 '어떻습니까?'에 해당한다. 주로 상대방의 안부를 묻거나 의견을 물을 때 사용한다.

안부를 묻는 怎么样	의견을 묻는 怎么样
A 你最近**怎么样**? 너는 요즘 어때? Nǐ zuìjìn zěnmeyàng? B 我最近**很忙**。 나는 요즘 매우 바빠. Wǒ zuìjìn hěn máng.	A 这件衣服**怎么样**? 이 옷 어때? Zhè jiàn yīfu zěnmeyàng? B 这件衣服**很漂亮**。 이 옷은 매우 예뻐. Zhè jiàn yīfu hěn piàoliang.

문장 활용하기: 안부를 묻는 怎么样

您
克里斯   ＋   最近   ＋   **怎么样?**
老师

문장 활용하기: 의견을 묻는 怎么样

这本词典
那本汉语书   ＋   **怎么样?**
他姐姐

Tip!
의문사 '怎么样'은 '我们一起去, 怎么样? (Wǒmen yìqǐ qù, zěnmeyàng?)'처럼 앞에 제시한 제안에 대한 의견을 물을 때에도 사용될 수 있다.

 漂亮 piàoliang 형 예쁘다, 아름답다

2 HSK太难了!

HSK tài nán le! ▶ HSK는 너무 어려워!

Key Point 정도 표현 太……了

부사 '太'는 한국어의 '너무, 정말, 아주'에 해당한다. 주로 '太……了'의 형식으로 사용되며 정도가 지나침을 나타낸다.

주어 + 太 + 부정 의미의 형용사 + 了	주어 + 太 + 긍정 의미의 형용사 + 了
HSK太难了。HSK는 정말 어려워. HSK tài nán le.	这件衣服太好看了。이 옷은 정말 예뻐. Zhè jiàn yīfu tài hǎokàn le.

문장 활용하기

단어 困 kùn 형 피곤하다, 졸리다

3 这是小一点儿的。

Zhè shì xiǎo yìdiǎnr de. ▶ 이것은 좀 작은 거야.

Key Point 1 一点儿과 有点儿

'一点儿'과 '有点儿'은 한국어의 '좀, 조금'에 해당한다. 그러나 다음과 같은 차이가 있다.

	一点儿	有点儿
품사	수량사	부사
위치	형용사 + 一点儿	有点儿 + 형용사
의미	비교의 결과: '좀 ~하다'	부정적인 의미: '좀 ~하다'
예	这件衣服小一点儿。 Zhè jiàn yīfu xiǎo yìdiǎnr. 이 옷은 (다른 것에 비해) 좀 작아.	这件衣服有点儿小。 Zhè jiàn yīfu yǒudiǎnr xiǎo. 이 옷은 좀 작아. (비교의 의미가 없음.)

문장 활용하기: 一点儿

这个　　　　大
这件　＋　好看　＋　一点儿。
最近　　　　忙

문장 활용하기: 有点儿

最近　　　　　　　热。
这个　＋　有点儿　＋　小。
这次　　　　　　　难。

09 你最近怎么样? 너는 요즘 어때? 141

Key Point 2 조사 的(-ㄴ 것, ~의 것)

조사 '的'는 종속관계를 나타낸다. 그러나 대화문에서 모두 아는 대상을 가리킬 경우, 뒤에 오는 명사성 성분을 생략할 수 있다.

예문
A 这是你的书吗？ Zhè shì nǐ de shū ma? 이것은 너의 책이야?
B 是，这是我的(书)。 Shì, zhè shì wǒ de (shū). 응, 이것은 나의 것(책)이야.

문장 활용하기

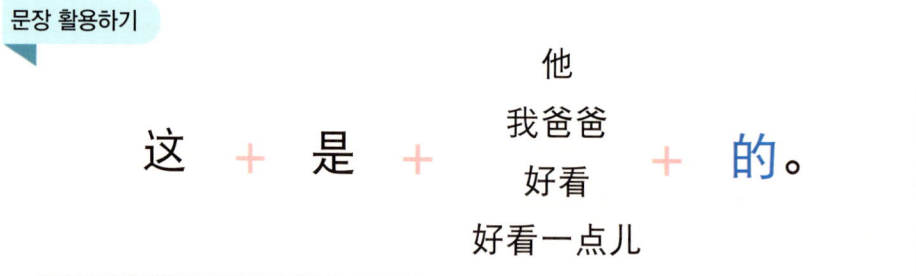

단어 热 rè 형 덥다 / 冷 lěng 형 춥다 / 难 nán 형 어렵다

본문 익히기 1

🎧 09-5

梁导喜 海镇，你最近怎么样？❶
Hǎizhèn, nǐ zuìjìn zěnmeyàng?

朴海镇 我最近很忙。
Wǒ zuìjìn hěn máng.

> '忙什么'는 '무엇을 하느라 그리 바빠?' 또는 '무엇 때문에 그렇게 바빠?'라는 뜻이다.

梁导喜 你忙什么？
Nǐ máng shénme?

朴海镇 我最近准备汉语水平考试(HSK)。
Wǒ zuìjìn zhǔnbèi Hànyǔ Shuǐpíng Kǎoshì.

梁导喜 HSK太难了！❷ 我们一起准备，怎么样？
HSK tài nán le!   Wǒmen yìqǐ zhǔnbèi, zěnmeyàng?

朴海镇 好！
Hǎo!

본문 익히기 2

🎧 09-6

梁导喜 丽红，这件衣服怎么样？
Lìhóng, zhè jiàn yīfu zěnmeyàng?

张丽红 这件衣服很好看。可是有点儿大。
Zhè jiàn yīfu hěn hǎokàn. Kěshì yǒudiǎnr dà.

梁导喜 这是小一点儿的。❸ 怎么样？合适吗？
Zhè shì xiǎo yìdiǎnr de. Zěnmeyàng? Héshì ma?

张丽红 不大也不小。正合适！
Bú dà yě bù xiǎo. Zhèng héshì!

> '不A也不B'는 'A하지도 않고 B하지도 않다'의 뜻으로, 이 때 A와 B는 각각 반의어 형용사가 온다.
> 예) 不高也不矮。Bù gāo yě bù ǎi.
> 크지도 않고 작지도 않다.
> 不冷也不热。Bù lěng yě bú rè.
> 춥지도 않고 덥지도 않다.

梁导喜 颜色怎么样？
Yánsè zěnmeyàng?

张丽红 颜色也不错。
Yánsè yě búcuò.

梁导喜 我就买这件衣服吧！
Wǒ jiù mǎi zhè jiàn yīfu ba!

본문 익히기 3

🎧 09-7

1 我最近很忙。我准备汉语水平考试(HSK)。
Wǒ zuìjìn hěn máng. Wǒ zhǔnbèi Hànyǔ Shuǐpíng Kǎoshì.

可是HSK太难了。我决定和导喜一起准备HSK。
Kěshì HSK tài nán le.　　Wǒ juédìng hé Dǎoxǐ yìqǐ zhǔnbèi HSK.

✏️ 본문을 참조하여 자신의 상황에 맞게 중국어로 서술하세요.

1 我最近　　　　　　。我准备　　　　　　　　　。

可是　　　　　太难了。我决定和　　　　　　一起准备

　　　　　。

본문 익히기 3

🎧 09-8

2 今天我和丽红一起去买衣服。我试试一件衣服。
Jīntiān wǒ hé Lìhóng yìqǐ qù mǎi yīfu.　Wǒ shìshi yí jiàn yīfu.

丽红说有点儿大。我试试小一点儿的。
Lìhóng shuō yǒudiǎnr dà.　Wǒ shìshi xiǎo yìdiǎnr de.

丽红说，不大也不小，正合适，颜色也不错。
Lìhóng shuō, bú dà yě bù xiǎo, zhèng héshì, yánsè yě búcuò.

我决定买小一点儿的。
Wǒ juédìng mǎi xiǎo yìdiǎnr de.

✏️ 본문을 참조하여 자신의 상황에 맞게 중국어로 서술하세요.

2　今天我和　　　　　去　　　　　　。

我试试　　　　　　。　　　　　说有点儿　　　　　　　。

我试试　　　　一点儿的。　　　　　说，

不　　　　　也不　　　　　，正合适。

颜色　　　　　　。我决定买　　　　　的。

연습문제

1. 병음을 보고 밑줄 친 부분에 알맞은 표현을 써넣어 대화문을 완성해 보세요.

   ❶ A 你最近怎么样？

   　　B 我最近 (hěn máng) _____ 。

   ❷ A 你最近 (máng) _____ 什么？

   　　B 我最近 (zhǔnbèi) _____ HSK。

   ❸ A (Zhè jiàn yīfu) _____ 怎么样？

   　　B 这件衣服 (tài hǎokàn le) _____ 。

2. 틀린 부분을 바르게 고쳐 보세요.

   ❶ 我HSK准备最近。 나는 요즘 HSK를 준비해.

   → _____

   ❷ 这件衣服大有点儿。 이 옷은 좀 커.

   → _____

   ❸ 这是一点儿小的。 이것은 좀 작은 거야.

   → _____

   ❹ 我就这件衣服买吧。 나는 바로 이 옷을 살래.

   → _____

연습문제

3. 제시된 단어를 어순에 맞게 배열해 보세요.

❶ 不错 / 这件 / 颜色 / 衣服 / 也   이 옷은 색상도 좋아.

→ _____

❷ 准备 / 我 / 导喜 / HSK / 和 / 一起   나와 도희는 함께 HSK를 준비해.

→ _____

❸ 决定 / 我 / 衣服 / 一点儿 / 买 / 小 / 的
나는 좀 작은 옷을 사기로 결정했어.

→ _____

4. 아래 상황에 맞게 알맞은 중국어 표현을 말해보세요.

❶ 나는 요즘 HSK를 준비하고 있다. 그러나 HSK는 너무 어렵다. 나는 도희와 함께 HSK를 준비하기로 결정했다.

→ _____

❷ 오늘 나는 리훙과 함께 옷을 사러 갔다. 나는 옷 한 벌을 입어보았다. 리훙은 크지도 않고 작지도 않고 딱 맞으며, 색상도 좋다고 말했다.

→ _____

ALL ABOUT CHINA!

중국의 차 & 커피 문화

중국 어디를 가나 마주칠 수 있는 차(茶), 중국사람들은 '喝茶比喝水多！Hē chá bǐ hē shuǐ duō! (차를 마시는 것이 물을 마시는 것보다 많다!)'라 할 정도로 중국사람들과 차는 불가분의 관계입니다.

4천 년이 넘는 유구한 역사를 지닌 중국의 차 문화는 자연환경과 식습관의 영향이 가장 큽니다. 예로부터 중국의 수질이 나빠서 물을 안전하게 마시기 위해 물을 끓일 때에 찻잎을 우려내어 마셨다고 하며, 중국요리의 특성 상 기름을 많이 사용하여 요리하기 때문에 차를 마셔 느끼한 맛을 해소하고자 했다고 합니다.

중국의 속담 '早茶一杯，一天威风，午茶一杯，劳动轻松，晚茶一杯，提神去痛。Zǎochá yìbēi, yìtiān wēifēng, wǔchá yìbēi, láodòng qīngsōng, wǎnchá yìbēi, tíshén qùtòng. (아침의 차 한 잔으로 종일 힘이 넘치고, 점심의 차 한 잔으로 일이 가뿐하며, 저녁에 차 한 잔으로 기운이 나서 고통이 사라진다.)'과 같이 차는 중국인들에게는 꼭 필요한 것이라 할 수 있습니다.

화차와 홍차

중국 차의 종류는 크게 화차(花茶 huāchá 꽃차), 녹차(绿茶 lǜchá), 우롱차(乌龙茶 wūlóngchá), 홍차(红茶 hóngchá) 등이 있는데, 북방지역에서는 주로 화차(茉莉花茶 mòlihuāchá 자스민차, 菊花茶 júhuāchá 국화차)를 마시고, 남방지역에서는 주로 녹차나 홍차(龙井茶 lóngjǐngchá 용정차, 碧螺春 bìluóchūn 벽라춘, 铁观音 tiěguānyīn 철관음, 祁门红茶 qímén hóngchá 기문 홍차 등)를 마십니다. 이외에도 한국인에게 익숙한 운남(云南 Yúnnán)의 '普洱茶 pǔ'ěrchá (보이차)'가 있습니다.

정갈한 다기 세트

요즘 중국의 젊은이들은 차 대신에 커피(咖啡 kāfēi)도 많이 마십니다. 중국에서도 스타벅스(星巴克 Xīngbākè)는 인기가 많으며, 한국 커피브랜드인 까페베네(咖啡陪你 Kāfēipéinǐ), 할리스(豪丽斯 Háolìsī) 등도 이미 중국에 진출해 여러 도시에 매장이 있습니다. 커피 뿐만 아니라 카페 문화 자체가 활성화되었으며 테이크아웃 매장도 많아지고 있는 추세입니다.

중국식 건물과 스타벅스

* 알아두면 좋은 차 관련 용어
泡茶 pàochá 차를 우려내다 / 开水 kāishuǐ 뜨거운 물, 끓인 물 / 茶水 cháshuǐ 찻물 /
茶叶 cháyè 찻잎 / 茶杯 chábēi 찻잔 / 茶壶 cháhú 찻 주전자 / 茶具 chájù 다기, 다구(차 도구)

10과

周末你做什么了?
Zhōumò nǐ zuò shénme le?

주말에 너는 무엇을 했어?

기본문장

1. **你打算做什么?**
   Nǐ dǎsuan zuò shénme?
   너는 무엇을 할 예정이야?

2. **周末你做什么了?**
   Zhōumò nǐ zuò shénme le?
   주말에 너는 무엇을 했어?

3. **那边有很多小店，还有很多餐厅。**
   Nàbiān yǒu hěn duō xiǎodiàn,
   hái yǒu hěn duō cāntīng.
   그쪽에는 작은 상점도 많고, 또한 식당도 많이 있어.

Key Point

동사 打算

조사 了

부사 还

새로 나온 단어 🎧 10-1

- 打算　　　dǎsuan　　　동 ~할 예정이다, ~할 생각이다
- 回家　　　huíjiā　　　동 집으로 돌아가다, 귀가하다
  ※ 回 huí 동 (원래의 곳으로) 되돌아가다, 되돌아오다
- 休息　　　xiūxi　　　동 휴식하다
- 周末　　　zhōumò　　　명 주말
- 还　　　hái　　　부 아직, 여전히 / 그리고, 게다가
- 知道　　　zhīdào　　　동 알다
- 跟　　　gēn　　　개 ~와(과)
- 逛街　　　guàngjiē　　　동 아이쇼핑하다, 구경하다
  ※ 逛 guàng 동 거닐다, 배회하다 | 街 jiē 명 거리
- 了　　　le　　　조 동작이 완료되었거나 실현되었음을 나타냄
- 798艺术区　Qījiǔbā yìshùqū　고유 798 예술거리 [북경시 조양구에 위치한 관광지]
- 好玩儿　　hǎowánr　　　형 재미있다, 놀기 좋다
- 那边　　　nàbiān　　　대 그 쪽
  ↔ 这边 zhèbiān 이쪽 | 哪边 nǎbiān 어느 쪽
  ※ 边 biān 명 쪽, 가장자리
- 小店　　　xiǎodiàn　　　명 작은 가게, 작은 상점
- 餐厅　　　cāntīng　　　명 레스토랑, 식당

기본문장 알기

🎧 10-2

1 你打算做什么?

Nǐ dǎsuan zuò shénme? ▶ 너는 무엇을 할 예정이야?

Key Point 동사 打算

'打算'은 '~할 예정이다, ~할 것이다'의 의미이며, 주로 '打算 + 동사'의 형식으로 사용된다. 앞으로의 계획을 물어볼 때 사용한다.

긍정문	我打算吃饭。 Wǒ dǎsuan chīfàn. 나는 밥을 먹을 예정이다.
부정문	我不打算吃饭。 Wǒ bù dǎsuan chīfàn. 나는 밥을 먹을 예정이(생각이) 없다.
의문문	你打算做什么? Nǐ dǎsuan zuò shénme? 너는 무엇을 할 예정이야?

문장 활용하기

| 周末
今天晚上 | + | 我
他
我们
他们 | + | 打算 | + | 看电影。
去中国。
去听音乐。
去北京饭店吃饭。 |

- '打算'은 계획을 나타내는 표현으로 과거 시간을 나타내는 단어와는 함께 사용할 수 없다.

예문 (X) 昨天你打算做什么? Zuótiān nǐ dǎsuan zuò shénme?
어제 너는 무엇을 할 계획이야?

2. 周末你做什么了?

Zhōumò nǐ zuò shénme le? ▶ 주말에 너는 무엇을 했어?

Key Point 조사 了

'了'는 주로 문장의 끝에 놓여 동작의 완료 및 상태의 변화를 나타낸다. '了'가 있는 문장의 부정형은 '没'를 넣어 만들며, 이때 '了'는 사용하지 않는다.

긍정문	我吃饭了。Wǒ chīfàn le. 나는 밥을 먹었어.	他来上课了。Tā lái shàngkè le. 그는 수업을 들으러 왔어.
부정문	我没吃饭。Wǒ méi chīfàn. 나는 밥을 먹지 않았어.	他没来上课。Tā méi lái shàngkè. 그는 수업을 들으러 오지 않았어.
의문문	你吃饭了吗? Nǐ chīfàn le ma? 너는 밥을 먹었어?	他来上课了吗? Tā lái shàngkè le ma? 그는 수업을 들으러 왔었어?

문장 활용하기

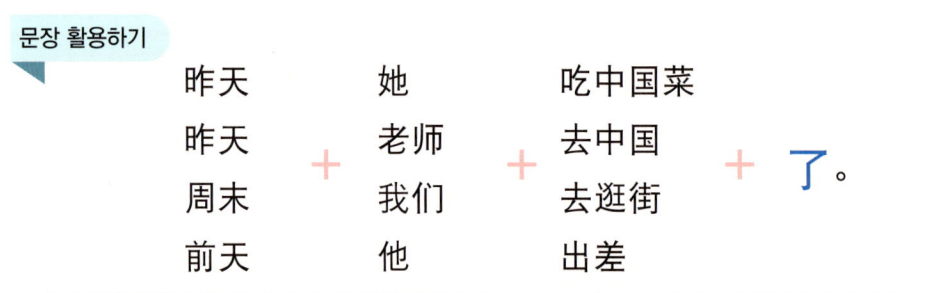

단어 前天 qiántiān 명 그저께 / 出差 chūchāi 동 출장가다

🎧 10-4

3 那边有很多小店，还有很多餐厅。

Nàbiān yǒu hěn duō xiǎodiàn, hái yǒu hěn duō cāntīng.

▶ 그쪽에는 작은 상점도 많고, 또한 식당도 많이 있어.

Key Point 부사 还

'还'는 부사로 수량의 증가를 표현하는 단어이다. 우리말의 '또한, 게다가, 더'에 해당하며 아래와 같은 표현에 사용될 수 있다.

예문
A 你要什么？ Nǐ yào shénme? 당신은 무엇을 원하십니까?(뭐 드릴까요?)
B 我要咖啡。 Wǒ yào kāfēi. 저는 커피를 원합니다.
A 你还要什么？ Nǐ hái yào shénme? 당신은 무엇을 더 원합니까?(더 필요하신 것이 있나요?)
B 不要了。谢谢！ Bú yào le. Xièxie! 필요 없습니다. 감사합니다!

문장 활용하기

这边有很多韩国人，　　　　　有很多中国人。
那边有很多茶馆，　　+ 还 +　有很多咖啡厅。
我家有很多汉语书，　　　　　有很多汉语词典。
我们学校有很多食堂，　　　　有很多咖啡厅。

Tip!

• '还'는 부사로 '그럭저럭, 여전히, 아직도'의 의미로도 사용된다.

예문　还可以。Hái kěyǐ. 그럭저럭 잘 지내.
　　　还不知道。Hái bù zhīdào. 아직 잘 모르겠어.

단어 要 yào 동 원하다, 필요하다 / 茶馆 cháguǎn 명 찻집 / 咖啡厅 kāfēitīng 명 커피숍

본문 익히기 1

🎧 10-5

朴海镇 明天下午，你打算做什么？❶
Míngtiān xiàwǔ, nǐ dǎsuan zuò shénme?

梁导喜 我打算看电影。你呢？
Wǒ dǎsuan kàn diànyǐng. Nǐ ne?

朴海镇 我打算回家休息。
Wǒ dǎsuan huíjiā xiūxi.

梁导喜 周末你打算做什么？
Zhōumò nǐ dǎsuan zuò shénme?

> 'A跟B一起 + 동사'는
> 'A와 B가 함께 ~하다'의 뜻이다.
> 예 我跟哥哥一起学习汉语。
> 　Wǒ gēn gēge yìqǐ xuéxí Hànyǔ.

朴海镇 还不知道。
Hái bù zhīdào.

梁导喜 那，跟我一起去逛街吧！
Nà, gēn wǒ yìqǐ qù guàngjiē ba!

본문 익히기 2 🎧 10-6

王老师　海镇，周末你做什么了？❷
　　　　Hǎizhèn, zhōumò nǐ zuò shénme le?

朴海镇　我跟导喜一起去逛街了。
　　　　Wǒ gēn Dǎoxǐ yìqǐ qù guàngjiē le.

> '逛'은 '둘러보다, 놀러 다니다'의 의미로
> '逛商场(shāngchǎng: 상점)',
> '逛夜市(yèshì: 야시장)' 등에도 사용될 수 있다.

王老师　你们去哪儿了？
　　　　Nǐmen qù nǎr le?

朴海镇　我们去798艺术区了。
　　　　Wǒmen qù Qījiǔbā yìshùqū le.

王老师　怎么样？好玩儿吗？
　　　　Zěnmeyàng? Hǎowánr ma?

朴海镇　很好玩儿。那边有很多小店，还有很多餐厅。❸
　　　　Hěn hǎowánr. Nàbiān yǒu hěn duō xiǎodiàn, hái yǒu hěn duō cāntīng.

본문 익히기 3

🎧 10-7

1 明天下午，我打算回家休息，
Míngtiān xiàwǔ, wǒ dǎsuan huíjiā xiūxi,

导喜打算看电影。我们打算周末一起逛街。
Dǎoxǐ dǎsuan kàn diànyǐng. Wǒmen dǎsuan zhōumò yìqǐ guàngjiē.

2 周末我跟导喜去798艺术区逛街了。
Zhōumò wǒ gēn Dǎoxǐ qù Qījiǔbā yìshùqū guàngjiē le.

那边有很多小店，还有很多餐厅。很好玩儿。
Nàbiān yǒu hěn duō xiǎodiàn, hái yǒu hěn duō cāntīng. Hěn hǎowánr.

✏️ 본문을 참조하여 자신의 상황에 맞게 중국어로 서술하세요.

明天我打算去＿＿＿＿＿＿。我想跟＿＿＿＿＿＿

一起＿＿＿＿＿＿。那边有很多＿＿＿＿＿＿，

还有很多＿＿＿＿＿＿。那边＿＿＿＿＿＿。

연습문제

1. 병음을 보고 밑줄 친 부분에 알맞은 표현을 써넣어 대화문을 완성해 보세요.

   ❶ A 周末你 (dǎsuan) _____ 做什么？

   　B 我 (dǎsuan) _____ 看 (diànyǐng) _____。

   ❷ A 你 (dǎsuan) _____ 看 (shénme) _____ 电影？

   　B 还不知道！

   ❸ A 周末你 (zuò shénme le) _____？

   　B 我跟朋友 (yìqǐ qù kàn) _____ 电影 (le) _____。

2. 틀린 부분을 바르게 고쳐 보세요.

   ❶ 打算晚上我休息回家。 저녁에 나는 집에 가서 쉴 예정이야.

   → _____

   ❷ 昨天我跟妈妈逛街。 어제 나는 엄마와 아이쇼핑을 했었어.

   → _____

   ❸ 那边怎么样？好玩儿。 거기는 어때? 매우 재미있었어.

   → _____

   ❹ 那边小店有很多，还餐厅有很多。 그쪽에는 작은 상점도 많고, 또한 식당도 많이 있어.

   → _____

연습문제

3. 제시된 단어를 어순에 맞게 배열해 보세요.

❶ 打算 / 你 / 回家 / 吗 / 休息   너는 집에 가서 쉴 예정이야?

→ _____

❷ 你 / 打算 / 去 / 见 / 吗 / 明天 / 朋友

내일 너는 친구를 만나러 갈 예정이야?

→ _____

❸ 我们 / 周末 / 去 / 了 / 逛街   주말에 우리는 아이쇼핑하러 갔었어.

→ _____

4. 아래 상황에 맞게 알맞은 중국어 표현을 말해보세요.

❶ 오늘 나는 너무 피곤해. 수업을 마친 후, 집에 돌아가서 쉴 예정이야.

→ _____

❷ 주말에 우리는 아이쇼핑을 했어. 거기에는 한국인이 많이 있었고, 또한 중국인도 많이 있었어.

→ _____

ALL ABOUT CHINA!

북경의 주요 여행지

중국의 수도인 북경(北京 Běijīng)은 기원전 1,000년 경부터 지금까지 역대 지도자들의 권력 투쟁을 많이 겪은 대도시로 고궁, 만리장성, 호동, 천안문 등의 유적과 유물들이 많이 남아있습니다.

천안문 광장(天安门广场 Tiān'ānmén Guǎngchǎng)은 북경의 중심에 있으며 세계 최대 규모의 광장입니다. 천안문으로 들어가면 중국의 자금성(紫禁城 Zǐjìnchéng)이 자리하고 있습니다. 자금성은 고궁(故宮 Gùgōng)으로 불리기도 하는데, 총 9,999개의 방이 있다고 할 정도로 상상을 초월하는 큰 규모를 자랑합니다.

북경의 심장 天安门

진나라 진시황제가 북방민족의 침입을 막기 위해 세운 만리장성(万里长城 Wànlǐ Chángchéng)은 2,000여 년의 역사를 자랑하는 유네스코가 지정한 세계문화유산입니다. 북경에서는 만리장성의 일부분인 팔달령(八达岭 Bādálǐng)을 방문할 수 있습니다.

이화원(颐和园 Yíhéyuán)은 중국 최대 규모의 황족 정원으로 완정한 형태를 잘 유지하고 있습니다. 이화원에는 인공호수인 곤명호(昆明湖 Kūnmíng hú)와 곤명호를 만들려고 파내었던 흙을 쌓아 만든 만수산(万寿山 Wànshòu shān)이 있습니다.

그 길이가 만리라, 万里长城

중국 하면 떠오르는 天坛公园

이 외에도 세계에서 가장 오래된 역사를 자랑하는 황제의 공원인 북해공원(北海公园 Běihǎi Gōngyuán), 하늘에 제사를 지냈던 천단공원(天坛公园 Tiāntán Gōngyuán) 등이 있고, 한국의 명동에 해당하는 왕부정(王府井 Wángfǔjǐng)에서는 매일 야시장이 열려 중국의 다양한 간식거리 및 독특한 음식들을 맛볼 수 있습니다. 또한 북경 시내 곳곳에서 중국의 전통 골목인 호동(胡同 Hútòng)을 둘러볼 수 있는데, 호동은 중국의 옛 모습을 느낄 수 있는 관광지입니다.

중국 느낌 그대로~ 胡同

현대적 관광지로 유명한 798예술구(798艺术区 Qījiǔbā yìshùqū)는 현대미술의 집결지로 공장 지역을 개조해 만든 곳입니다. 한국의 헤이리와 비슷하며 미술 전시관, 소품가게, 음식점, 카페들이 모여 있습니다. 그리고 북경 쇼핑의 중심인 솔라나쇼핑몰(蓝色港湾 Lánsè Gǎngwān)에서는 세계 각국의 다양한 브랜드를 만날 수 있습니다.

11과

我去过故宫。
Wǒ qùguo Gùgōng.

나는 고궁에 가본 적이 있어.

기본문장

1. **我去过故宫。**
   Wǒ qùguo Gùgōng.
   나는 고궁에 가본 적이 있어.

2. **漂亮极了！**
   Piàoliang jí le!
   정말 아름다워!

3. **我陪你去吧！**
   Wǒ péi nǐ qù ba!
   내가 너와 함께 갈게!

Key Point

조사 过

정도보어 ……极了

동사 陪

새로 나온 단어 🎧 11-1

☐ 过	guo	조	~한 적이 있다
☐ 故宫	Gùgōng	고유	고궁, 꾸궁(북경에 있는 청(淸)대 궁궐)
☐ 当然	dāngrán	형	당연하다, 물론이다
☐ 漂亮	piàoliang	형	예쁘다, 아름답다
☐ 极	jí	형	최고의, 극도의, 최종의
☐ 上午	shàngwǔ	명	오전
☐ 没问题	méi wèntí	동	문제 없다, 자신 있다

※ 没 méi 부 아니다 [동사 앞에서 부정을 나타내는 부정부사] | 问题 wèntí 명 (해답·해석 등을 요구하는) 문제

☐ 哪些	nǎxiē	대	어떤(어느) ~들 [복수를 나타냄]

※ (一)些 (yì)xiē 양 조금, 약간

☐ 地方	dìfang	명	곳, 장소
☐ 颐和园	Yíhéyuán	고유	이화원, 이허위안
☐ 北海公园	Běihǎi Gōngyuán	고유	북해공원, 베이하이공원
☐ 八达岭	Bādálǐng	고유	팔달령, 빠다링
☐ 陪	péi	동	모시다, 동반하다, 안내하다, 수행하다
☐ 昨天	zuótiān	명	어제
☐ 不过	búguò	접	그러나

기본문장 알기

1 我去过故宫。

Wǒ qùguo Gùgōng. ▶ 나는 고궁에 가본 적이 있어.

Key Point 조사 过

조사 '过'는 동사의 뒤에 출현하여 과거의 경험을 나타내며, 한국어의 '~(한) 적이 있다'에 해당한다. 부정형은 '没'를 사용한다.

긍정문	我去过故宫。Wǒ qùguo Gùgōng.	나는 고궁에 가본 적이 있어.
부정문	我没去过故宫。Wǒ méi qùguo Gùgōng.	나는 고궁에 가본 적이 없어.
의문문	你去过故宫吗? Nǐ qùguo Gùgōng ma?	너는 고궁에 가본 적이 있어?

문장 활용하기

- '过'가 동사로 쓰이면 '지내다, 쇠다'의 뜻이 되며 4성 'guò'로 발음한다.

  예문 过生日 guò shēngri 생일을 쇠다, 생일 파티를 하다
  过春节 guò Chūn Jié 구정을 쇠다

Tip! 중국어의 부정부사 '不'와 '没'

	不	没
뜻	~이 아니다	~하지 않다, ~하지 않았다
시제	과거, 현재, 미래에 모두 사용 가능	과거, 현재에만 사용 가능
차이점	① 주로 주관적 바람에 쓰인다. ② 사실, 성질, 판단에 대한 부정이다. ③ 습관성 동작이나 심리상태를 나타내는 동사의 부정에 쓰인다.	① 주로 객관적 서술에 쓰인다. ② 동작의 발생, 상태의 변화에 대한 부정이다. ③ 습관성 동작이나 심리상태를 나타내는 동사의 부정에는 사용 불가하다.
예	他**不**抽烟。 Tā bù chōuyān. 그는 담배를 피우지 않아. (담배를 피우지 않음, 비흡연자) 他明天**不**来。 Tā míngtiān bù lái. 그는 내일 안 와.	他**没**抽烟。 Tā méi chōuyān. 그는 담배를 피우지 않았어. (담배를 피우지 않았음) (X) 他明天**没**来。 Tā míngtiān méi lái. 그는 내일 안 왔어.

단어 喝 hē 동 마시다 / 茶 chá 명 차 / 抽烟 chōuyān 동 담배를 피우다

---

2 漂亮极了!

Piàoliang jí le! ▶ 정말 아름다워!

Key Point   정도보어 ……极了

보어란 동사나 형용사 뒤에서 앞에 오는 동사나 형용사를 보충설명하는 성분을 말한다. 중국어에서 보어는 의미에 따라 정도보어, 결과보어, 가능보어, 방향보어, 수량보어, 상태보어 등으로 나눌 수 있다. 그 중 정도보어에 해당하는 '……极了'의 '极'는 한국어의 '최고의, 극도의'라는 뜻에 해당하는 형용사이다. 일반적으로 '형용사 + 极 + 了'의 형식으로 쓰이며 정도가 심함을 나타낸다.

기본 형식 형용사 + 极了

- 这个孩子好看**极了**。 Zhè ge háizi hǎokàn jí le. ▶ 이 아이는 정말 예뻐.
- 今天累**极了**。 Jīntiān lèi jí le. ▶ 오늘 정말 피곤해.

문장 활용하기

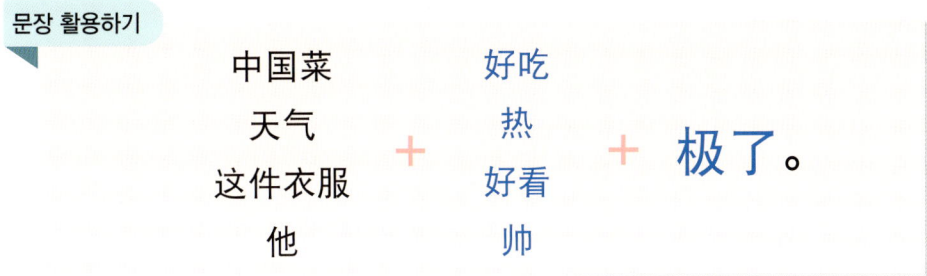

단어　孩子 háizi 명 애, 어린이, (어린)아이 / 天气 tiānqì 명 날씨, 기상 / 帅 shuài 형 잘생기다, 멋지다

🎧 11-4

3 我陪你去吧！

Wǒ péi nǐ qù ba!　▶ 내가 너와 함께 갈게!

Key Point　동사 陪

동사 '陪'는 타동사로 한국어의 '모시다, 동반하다, 수반하다'에 해당한다.

기본 형식　주어 + 陪 + 명사 + 동사구

- 我陪你去吧。 Wǒ péi nǐ qù ba.　▶ 내가 너와 함께 갈게.
- 我陪你去图书馆吧。 Wǒ péi nǐ qù túshūguǎn ba.　▶ 내가 너와 함께 도서관에 갈게.

문장 활용하기

我		你		去。
我	+ 陪 +	你	+	去看电影。
你		他		去医院吧。
他		克里斯		去学校。

11 我去过故宫。 나는 고궁에 가본 적이 있어. **167**

본문 익히기 1

🎧 11-5

朴海镇 李晨，你去过故宫吗？
Lǐ Chén, nǐ qùguo Gùgōng ma?

李晨 当然，我去过故宫。❶
Dāngrán, wǒ qùguo Gùgōng.

朴海镇 听说，故宫很漂亮，对吗？
Tīngshuō, Gùgōng hěn piàoliang, duì ma?

李晨 对，漂亮极了！❷
Duì, piàoliang jí le!

朴海镇 明天上午一起去，怎么样？
Míngtiān shàngwǔ yìqǐ qù, zěnmeyàng?

李晨 没问题，明天见！
Méi wèntí, míngtiān jiàn!

여기서의 '没'는 동사 '没有(없다)'의 생략형이다.

본문 익히기 2

🎧 11-6

李晨　　海镇，你在北京去过哪些地方？
　　　　Hǎizhèn, nǐ zài Běijīng qùguo nǎxiē dìfang?

朴海镇　我去过故宫、颐和园和北海公园。
　　　　Wǒ qùguo Gùgōng、Yíhéyuán hé Běihǎi Gōngyuán.

李晨　　你还去过什么地方？
　　　　Nǐ hái qùguo shénme dìfang?

朴海镇　我还去过八达岭。八达岭好看极了。
　　　　Wǒ hái qùguo Bādálǐng.　Bādálǐng hǎokàn jí le.

李晨　　我还没去过八达岭。很想去看看！
　　　　Wǒ hái méi qùguo Bādálǐng.　Hěn xiǎng qù kànkan!

朴海镇　那好吧，我陪你去吧！❸
　　　　Nà hǎo ba, wǒ péi nǐ qù ba!

> '❶ 我陪你去吧。'와
> '❷ 我跟你一起去吧。(Wǒ gēn nǐ yìqǐ qù ba.)'는
> 모두 '내가 너와 함께 갈게.'라는 뜻을 나타내지만,
> ❷는 그냥 같이 가는 것이고 ❶은 동사 '陪'의 뜻이
> 추가되어 상대방을 배려하여 '동반하다'는 뜻을 나타낸다.

본문 익히기 3

昨天上午我跟我朋友李晨一起去故宫了。
Zuótiān shàngwǔ wǒ gēn wǒ péngyou Lǐ Chén yìqǐ qù Gùgōng le.

我还去过颐和园、北海公园和八达岭。
Wǒ hái qùguo Yíhéyuán、Běihǎi Gōngyuán hé Bādálǐng.

不过，李晨还没去过八达岭。
Búguò, Lǐ Chén hái méi qùguo Bādálǐng.

我打算陪他去看看。
Wǒ dǎsuan péi tā qù kànkan.

✎ 본문을 참조하여 자신의 상황에 맞게 중국어로 서술하세요.

昨天　　　　　我跟　　　　　　一起去　　　　　　了。

我还去过　　　　　、　　　　　　和　　　　　。

不过，我朋友　　　　　还没去过　　　　　　。

我打算陪他(她)去看看。

연습문제

1. 병음을 보고 밑줄 친 부분에 알맞은 표현을 써넣어 대화문을 완성해 보세요.

❶ A 你去过故宫吗?

　　B (Wǒ qùguo Gùgōng) _____ 。

❷ A 故宫 (piàoliang) _____ 吗?

　　B 故宫 (piàoliang jí le) _____ 。

❸ A 你在北京去过 (nǎxiē dìfang) _____ ?

　　B 我去过 (Bādálǐng) _____ 、(Yíhéyuán) _____ 和北海公园。

2. 틀린 부분을 바르게 고쳐 보세요.

❶ 我去故宫过。 나는 고궁에 가본 적이 있어.

→ _____

❷ 我八达岭去过还。 나는 또 팔달령에 가봤어.

→ _____

❸ 你还什么地方去过? 너는 또 어느 곳에 가봤어?

→ _____

❹ 李晨不去过北海公园。 리천은 북해공원에 가본 적이 없어.

→ _____

연습문제

3. 제시된 단어를 어순에 맞게 배열해 보세요.

❶ 你 / 哪些 / 地方 / 过 / 在北京 / 去
너는 북경에서 어떤 곳에 가본 적이 있어?

→ _____

❷ 他 / 颐和园 / 没 / 过 / 去 / 还 그는 아직 이화원에 가본 적이 없어.

→ _____

❸ 我 / 他 / 陪 / 去 / 打算 / 看看 나는 그와 함께 가서 한번 볼 계획이야.

→ _____

4. 아래 상황에 맞게 알맞은 중국어 표현을 말해보세요.

❶ 어제 오전에 나와 내 친구 리천은 함께 고궁에 갔었다. 나는 또 이화원, 북해공원과 팔달령에도 가본 적이 있다.

→ _____

❷ 리천은 아직 팔달령에 가본 적이 없다. 나는 그와 함께 가서 한번 볼 계획이다.

→ _____

5. '不'와 '没' 중 하나를 사용해 다음 문장을 완성하세요.

❶ 我 _____ 抽烟。

❷ 今天我 _____ 抽烟。

❸ 他明天 _____ 来。

❹ 他今天 _____ 来上课。

❺ 我 _____ 去过八达岭。

6. 다음 문장의 빈칸에 들어갈 알맞은 단어를 보기에서 찾아 써 넣으세요.

| 보기 | 过　　不　　没　　陪　　极了 |

❶ 今天我 _____ 去学校。

❷ 我吃 _____ 韩国菜。

❸ 昨天他 _____ 来上课。

❹ 那个女孩儿漂亮 _____ 。

❺ 我妈妈 _____ 我去医院。

12과

他会说汉语。
Tā huì shuō Hànyǔ.

그는 중국어를 말할 수 있어.

기본문장

1. **他会说汉语。**
   Tā huì shuō Hànyǔ.
   그는 중국어를 말할 수 있어.

2. **你们怎么交流?**
   Nǐmen zěnme jiāoliú?
   너희들은 어떻게 교류를 해?

3. **我要学那首歌。**
   Wǒ yào xué nà shǒu gē.
   나는 그 노래를 배우려고 해.

Key Point

조동사 会
의문사 怎么
조동사 要

새로 나온 단어 🎧 12-1

☐ 同屋	tóngwū	명	룸메이트
☐ 会	huì	조동	~할 수 있다 [주로 학습을 통해 실현되는 능력을 나타낼 때 사용됨]
☐ 但是	dànshì	접	그러나, 그렇지만
☐ 不太	bú tài		그다지 ~하지 않다, 별로
☐ 怎么	zěnme	의	어떻게, 어째서, 왜
☐ 交流	jiāoliú	동	교류하다, 소통하다, 교환하다
☐ 有时候	yǒushíhou	부	때로는, 때때로, 간혹
☐ 英语	Yīngyǔ	명	영어
☐ 唱歌	chànggē	동	노래를 부르다

※ 唱 chàng 동 노래하다, 제창하다 | 歌 gē 명 노래

☐ 只	zhǐ	부	오직, 다만
☐ 甜蜜蜜	Tiánmìmì	고유	첨밀밀, 티엔미미(등려군의 노래 제목이자 진가신 감독의 영화 제목)
☐ 周华健	Zhōu Huájiàn	고유	주화건, 저우화지엔(중국 남자 가수)
☐ 首	shǒu	양	곡 [노래, 시 등을 세는 단위]
☐ 放假	fàngjià	동	방학하다, 쉬다
☐ 要	yào	조동	~하려고 하다
		동	원하다, 필요하다
☐ 学	xué	동	배우다, 공부하다
☐ 帮	bāng	동	돕다, 거들다
☐ 就是	jiùshì		바로 ~이다

기본문장 알기

🎧 12-2

1 他会说汉语。

Tā huì shuō Hànyǔ. ▶ 그는 중국어를 말할 수 있어.

Key Point 　조동사 会

'会'는 한국어 '~할 수 있다'에 해당하는 조동사로, 동사 앞에 위치한다. 주로 배워서 할 수 있는 능력에 사용된다. 부정은 '不会'이다.

긍정문	我会说汉语。Wǒ huì shuō Hànyǔ.	나는 중국어를 말할 수 있어.
부정문	我不会说汉语。Wǒ bú huì shuō Hànyǔ.	나는 중국어를 말할 수 없어.
의문문	你会说汉语吗？Nǐ huì shuō Hànyǔ ma?	너는 중국어를 말할 수 있어?
정반의문문	你会不会说汉语？Nǐ huì bu huì shuō Hànyǔ?	너는 중국어를 말할 수 있어 말할 수 없어?

문장 활용하기

我　　　　　　　　　　　　游泳。
我的同屋　　　＋　会　＋　说汉语。
他　　　　　　　　　　　　唱中国歌。
我朋友　　　　　　　　　　做中国菜。

단어　游泳 yóuyǒng 동　수영하다

2 你们怎么交流？

Nǐmen zěnme jiāoliú? ▶ 너희들은 어떻게 교류를 해?

Key Point 의문사 怎么

'怎么'는 한국어 '어떻게'에 해당하는 의문사로 동작의 방법 또는 방식을 묻는 표현에 사용된다.

예문 A 你们**怎么**交流？ Nǐmen zěnme jiāoliú? 너희들은 어떻게 교류를 해?

B 我们有时候说英语，有时候说汉语。
Wǒmen yǒushíhou shuō Yīngyǔ, yǒushíhou shuō Hànyǔ.
우리는 때로는 영어로, 때로는 중국어로 말해.

문장 활용하기

他们		交流？
你们	+ 怎么 +	学习汉语？
学校		走？
这个中国菜		做？

Tip!

- '怎么'는 '어째서, 왜'와 같이 원인을 묻는 표현으로도 사용될 수 있다.

  예문 A 你**怎么**了？ Nǐ zěnme le? 너는 왜 그래?
  B 我感冒了。头很痛。 Wǒ gǎnmào le. Tóu hěn tòng.
  나는 감기에 걸렸어. 머리가 매우 아파.

  예문 A 他**怎么**还不来？ Tā zěnme hái bù lái? 그는 왜 아직도 안 와?
  B 现在堵车。 Xiànzài dǔchē. 지금 길이 매우 막혀.

 感冒 gǎnmào 동 감기에 걸리다 / 头 tóu 명 머리 / 痛 tòng 형 아프다 / 堵车 dǔchē 동 차가 막히다, 차가 밀리다

3 我要学那首歌。

Wǒ yào xué nà shǒu gē. ▶ 나는 그 노래를 배우려고 해.

Key Point 조동사 要

조동사 '要'는 '~하려고 하다'로 동사 앞에 사용된다. 조동사 '要'의 부정은 '不想(~하고 싶지 않다)'이다.

긍정문	我要学汉语。Wǒ yào xué Hànyǔ.	나는 중국어를 배우려고(배우고자) 해.
부정문	我不想学汉语。Wǒ bù xiǎng xué Hànyǔ.	나는 중국어를 배우고 싶지 않아.
의문문	你要学汉语吗? Nǐ yào xué Hànyǔ ma?	너는 중국어를 배우려고 해?
정반의문문	你要不要学汉语? Nǐ yào bu yào xué Hànyǔ?	너는 중국어를 배우려고 하니 안 하니?

문장 활용하기

我哥哥
他
我朋友
我妈妈
　+　要　+　
学汉语
买书。
去中国。
听音乐。

- '不要'는 '~하지 마라'라는 금지의 뜻을 가진다.
  예문 请不要抽烟。Qǐng búyào chōuyān. 담배 피우지 마세요.

- '要'가 동사로 쓰일 때는 '원하다, 필요하다'의 의미이다.
  예문 A 你要什么? Nǐ yào shénme? 당신은 무엇을 원합니까?(무엇을 찾으세요?)
  　　 B 我要咖啡。Wǒ yào kāfēi. 나는 커피를 원합니다.(커피 주세요.)

본문 익히기 1

🎧 12-5

梁导喜　海镇，你的同屋是美国人吧？
　　　　　Hǎizhèn, Nǐ de tóngwū shì Měiguórén ba?

朴海镇　对，他是美国人。
　　　　　Duì, tā shì Měiguórén.

梁导喜　他会说汉语吗？
　　　　　Tā huì shuō Hànyǔ ma?

朴海镇　他会说汉语。❶但是，他的汉语不太好。
　　　　　Tā huì shuō Hànyǔ.　　Dànshì, tā de Hànyǔ bú tài hǎo.

梁导喜　那，你们怎么交流？❷
　　　　　Nà, nǐmen zěnme jiāoliú?

> '有时候A，有时候B'는 '때로는 A하고, 때로는 B 하다'의 뜻이다.

朴海镇　有时候我跟他说英语，有时候我跟他说汉语。
　　　　　Yǒushíhou wǒ gēn tā shuō Yīngyǔ, yǒushíhou wǒ gēn tā shuō Hànyǔ.

본문 익히기 2

🎧 12-6

李晨 导喜，你会唱中国歌吗？
Dǎoxǐ, nǐ huì chàng Zhōngguó gē ma?

梁导喜 我只会唱《甜蜜蜜》。
Wǒ zhǐ huì chàng 《Tiánmìmì》.

李晨 你听过周华健的《朋友》吗？
Nǐ tīngguo Zhōu Huájiàn de 《Péngyou》 ma?

梁导喜 听过。我喜欢他唱的《朋友》。
Tīngguo. Wǒ xǐhuan tā chàng de 《Péngyou》.

李晨 你会唱那首歌吗？
Nǐ huì chàng nà shǒu gē ma?

梁导喜 不会。放假以后，我要学那首歌。❸
Bú huì. Fàngjià yǐhòu, wǒ yào xué nà shǒu gē.

李晨 好！我帮你！
Hǎo! Wǒ bāng nǐ!

본문 익히기 3

🎧 12-7

1 我的同屋是美国人。他会说汉语。
Wǒ de tóngwū shì Měiguórén. Tā huì shuō Hànyǔ.

但是，他的汉语不太好。
Dànshì, tā de Hànyǔ bú tài hǎo.

有时候我跟他说汉语，有时候我跟他说英语。
Yǒushíhou wǒ gēn tā shuō Hànyǔ, yǒushíhou wǒ gēn tā shuō Yīngyǔ.

✏️ 본문을 참조하여 자신의 상황에 맞게 중국어로 서술하세요.

1 我叫 ＿＿＿＿＿＿＿＿，我是 ＿＿＿＿＿＿＿＿ 人。

我会说汉语。但是，我的汉语 ＿＿＿＿＿＿＿＿。

有时候我跟中国朋友说 ＿＿＿＿＿＿＿＿，

有时候我跟中国朋友说 ＿＿＿＿＿＿＿＿。

본문 익히기 3

🎧 12-8

2 我的韩国朋友导喜只会唱一首中国歌，
Wǒ de Hánguó péngyou Dǎoxǐ zhǐ huì chàng yì shǒu Zhōngguó gē,

就是《甜蜜蜜》。
jiùshì《Tiánmìmì》.

她很喜欢听周华健的《朋友》。
Tā hěn xǐhuan tīng Zhōu Huájiàn de《Péngyou》.

放假以后，她要学那首歌。我要帮她学那首歌。
Fàngjià yǐhòu, tā yào xué nà shǒu gē. Wǒ yào bāng tā xué nà shǒu gē.

✎ 본문을 참조하여 자신의 상황에 맞게 중국어로 서술하세요.

2 我 _____ 会唱 _____ 首中国歌,

就是《_____》。我听过 _____ 唱的

《_____》。我很喜欢听他(她)的歌。

_____ 以后，我要 _____ 。

我朋友 _____ 帮 _____ 。

연습문제

1. 병음을 보고 밑줄 친 부분에 알맞은 표현을 써넣어 대화문을 완성해 보세요.

   ❶ A 你的同屋是美国人 (ba) _____ ?

   　B 对。他 (zhǐ) _____ 会说英语。

   ❷ A 他 (huì) _____ 说汉语吗？

   　B 他不会说汉语。

   ❸ A 你跟同屋 (zěnme) _____ 交流？

   　B (Yǒushíhou) _____ 我跟同屋 (shuō Hànyǔ) _____ ,
   　　(yǒushíhou) _____ 我跟同屋 (shuō Yīngyǔ) _____ 。

2. 틀린 부분을 바르게 고쳐 보세요.

   ❶ 我朋友说汉语不会。 내 친구는 중국어를 말할 수 없어.

   → _____

   ❷ 你说汉语会吗？ 너는 중국어를 말할 수 있어?

   → _____

   ❸ 我学要汉语。 나는 중국어를 배우려고 해.

   → _____

   ❹ 你们交流怎么？ 너희들은 어떻게 교류를 해?

   → _____

3. 제시된 단어를 어순에 맞게 배열해 보세요.

❶ 唱 / 我 / 会 / 中国歌 / 妈妈   우리 엄마는 중국노래를 부를 수 있어.

→ _____

❷ 我 / 弟弟 / 好 / 汉语 / 不太 / 的   내 남동생은 중국어를 그다지 잘하지 못해.

→ _____

❸ 有时候 / 去 / 我们 / 逛街 / 在 / 家 / 有时候 / 休息 / 我们
때로는 우리는 쇼핑을 가고, 때로는 우리는 집에서 쉬어.

→ _____

4. 아래 상황에 맞게 알맞은 중국어 표현을 말해보세요.

❶ 나는 학교에서 영어를 배웠다. 나는 영어를 말할 수 있다. 그렇지만 나의 영어는 그다지 좋지 않다.

→ _____

❷ 듣자하니, 중국어는 매우 어렵다고 한다. 내 중국친구가 내가 중국어 배우는 것을 도와주려고 한다.

→ _____

본문 해석 및 연습문제 정답

1과

본문 익히기 1

양도희　선생님, 안녕하세요?
왕선생님　안녕?

본문 익히기 2

양도희, 박해진　선생님, 안녕히 가세요!
왕선생님　　　　내일 보자!

본문 익히기 3

박해진　너는 잘 지내?
양도희　나는 잘 지내!
박해진　요즘 너는 바빠?
양도희　요즘 나는 안 바빠.

연습문제 정답

1. ① 您好 / 你好
   ② 再见 / 明天见
   ③ 很好

2. ① 我不好。
   ② 你好吗?
   ③ 明天见。
   ④ 最近我很忙。/ 我最近很忙。

3. ① 老师再见。
   ② 我不忙。
   ③ 明天你忙吗? / 你明天忙吗?
   ④ 最近我不忙。/ 我最近不忙。

4. ① 你好!你最近忙吗?
   ② 我很忙。明天见!

2과

본문 익히기 1

양도희　안녕! 너는 학생이야?
크리스　응, 나는 학생이야. 너는?
양도희　나도 학생이야.

본문 익히기 2

크리스　말씀 좀 여쭐게요, 이것은 중국어 책인가요?
종업원　아니요, 이것은 중국어 사전이에요.
크리스　저것은 무엇인가요?
종업원　저것도 중국어 사전이에요.
크리스　감사합니다!
종업원　별말씀을요!

본문 익히기 3

안녕? 나는 양도희이다. 나는 학생이다. 이 사람은 내 친구이다. 그도 학생이다.

연습문제 정답

1. ① 我是学生
   ② 这
   ③ 那是什么

2. ① 这是我朋友。
   ② 那不是汉语书。
   ③ 这也是汉语词典。
   ④ 那是什么?

3. ① 我不是服务员。
   ② 他也是学生。
   ③ 我朋友是汉语老师。
   ④ 那也不是汉语词典。

4. ① 他是我朋友。我朋友是老师。他最近很忙。
   ② 这是汉语词典。那也是汉语词典。

3과

본문 익히기 1

장리홍　네 이름은 무엇이야?
박해진　나는 박해진이라고 불러. 너는?
장리홍　내 성은 장 씨이고, 리홍이라고 불러.
박해진　너를 알게 되어 매우 기뻐.

본문 해석 및 연습문제 정답

장리홍 너를 알게 되어 나도 매우 기뻐.

본문 익히기 2

박해진 안녕? 이 사람은 내 친구이고, 양도희라고 불러.
장리홍 안녕, 도희야! 나는 장리홍이라고 불러.
양도희 안녕? 너는 어느 나라 사람이야?
장리홍 나는 중국사람이야. 너도 한국사람이야?
양도희 맞아, 우리는 모두 한국사람이야.

본문 익히기 3

나는 박해진이라고 부르며, 한국사람이다. 이 사람은 내 친구이다. 그녀는 양도희라고 부른다. 그녀도 한국사람이다. 우리는 모두 유학생이다.

연습문제 정답

1. ① 什么名字 / 朴海镇
   ② 很高兴 / 我也很高兴
   ③ 哪国人 / 中国人

2. ① 你叫什么名字?
   ② 你是哪国人?
   ③ 认识你, 很高兴!
   ④ 我们都是留学生。

3. ① 她也是韩国人。
   ② 你朋友叫什么名字?
   ③ 我姓梁, 叫导喜。
   ④ 认识你, 我也很高兴。

4. ① 我叫朴海镇。认识你, 很高兴。
   ② 她也是韩国人。我们都是留学生。

4과

본문 익히기 1

박해진 도희야, 너는 어디에 있어?
양도희 나는 학교에 있어. 너는?
박해진 나는 집에 있어.
양도희 너는 무엇을 하니?

박해진 나는 중국어를 공부해.

본문 익히기 2

리천   해진아, 너는 어디에 있어?
박해진 나는 도서관에 있어. 너는?
리천   나는 집에 있어.
박해진 너는 집에서 무엇을 하니?
리천   나는 집에서 텔레비전을 봐. 너는 무엇을 하니?
박해진 나는 도서관에서 숙제를 해.

본문 익히기 3

지금 나는 도서관에 있다. 나는 도서관에서 숙제를 한다. 리천은 내 친구인데, 그는 집에 있다. 그는 집에서 텔레비전을 본다.

연습문제 정답

1. ① 哪儿 / 我在学校
   ② 做什么 / 学习汉语
   ③ 在家做什么 / 在家看电视

2. ① 你在哪儿?
   ② 现在我在学校。
   ③ 李晨不在家。
   ④ 他在图书馆做作业。

3. ① 我朋友在图书馆。
   ② 她在哪儿?
   ③ 你朋友做什么?
   ④ 现在他在家吗?

4. ① 我在家。我朋友不在家。他在图书馆。
   ② 我们都是学生。我们在学校学习汉语。

5과

본문 익히기 1

장리홍 도희야, 너희 집은 가족이 몇 명이야?
양도희 우리 집은 가족이 네 명이야. 너는?
장리홍 우리 집은 가족이 세 명이야.

본문 해석 및 연습문제 정답

양도희 너희 집은 가족구성원이 어떻게 돼?
장리홍 아빠, 엄마와 내가 있어. 나는 형제자매가 없어.

본문 익히기 2
양도희 해진아, 너희 집은 가족이 몇 명이야?
박해진 우리 집은 가족이 네 명이야. 아빠, 엄마, 형과 내가 있어.
양도희 너희 형은 어디에서 일해?
박해진 그는 병원에서 일해. 너는 형제자매가 있어?
양도희 나는 언니가 한 명 있어.
박해진 그녀는 무슨 일을 해?
양도희 그녀는 스튜어디스야.

본문 익히기 3
우리 집은 가족이 네 명이다. 아빠, 엄마, 형과 내가 있다. 우리 아빠와 엄마는 모두 선생님이시다. 우리 형은 의사이다. 그는 병원에서 일한다. 나는 대학생이다. 나는 북경대학교에서 중국어를 공부한다.

연습문제 정답

1. ① 几口人 / 四口人
   ② 都 / 爸爸 / 哥哥
   ③ 兄弟姐妹 / 姐姐

2. ① 我家有三口人。
   ② 你家都有什么人?
   ③ 我哥哥在医院工作。
   ④ 我在北京大学学习汉语。

3. ① 我家有四口人。
   ② 我有三个姐姐。
   ③ 他在学校工作。
   ④ 爸爸、妈妈都是老师。

4. ① 我家有三口人。爸爸、妈妈和我。我没有兄弟姐妹。
   ② 我家有四口人。爸爸和妈妈都在学校工作。哥哥在医院工作。我在北京大学学习汉语。

6과

본문 익히기 1
장리홍 지금은 몇 시야?
크리스 지금은 9시야.
장리홍 너는 몇 시에 수업을 들어?
크리스 나는 10시 반에 수업을 들어. 너는?
장리홍 오후 1시 반에 수업을 들어.

본문 익히기 2
크리스 해진아, 내일은 무슨 요일이야?
박해진 내일은 화요일이야.
크리스 내일 너는 수업이 있어?
박해진 아니. 화요일에 나는 수업이 없어.
크리스 그럼, 내일 우리 같이 서점에 가자, 어때?
박해진 좋아! 몇 시에?
크리스 12시 15분 전에.(11시 45분에.)

본문 익히기 3
나는 크리스라고 부르며, 미국사람이다. 나는 북경대학교에서 중국어를 공부한다. 월요일에 나는 10시 반에 수업을 듣는다. 내일은 화요일이다. 내 친구 해진은 화요일에 수업이 없다. 우리는 내일 12시 15분 전에 함께 서점에 간다.

연습문제 정답

1. ① 几点 / 现在九点
   ② 上课 / 十点半
   ③ 星期几 / 星期二

2. ① 现在差一刻两点。
   ② 你几点上课?
   ③ 我明天没有课。
   ④ 星期二我们去书店。

3. ① 明天星期六。
   ② 现在差一刻三点。
   ③ 今天不是星期二。
   ④ 我明天九点去书店。

4. ① 今天星期一。星期一我十点半上课, 差一刻一点下课。

본문 해석 및 연습문제 정답

② 星期二我没有课。我差一刻两点去图书馆。我在图书馆学习汉语。

5. ① 现在六点。
② 现在差十分两点。
③ 现在差五分十二点。
④ 现在九点二十五分。

6. ① 他十点半睡觉。
② 他中午十二点吃饭。
③ 他下午两点去图书馆。
④ 他十点上课。

7. ① 今天星期一。
② 今天星期五。
③ 今天星期四。
④ 今天星期三。

리첸은 내 친구이다. 그는 올해 24살이다. 내일은 그의 생일이다. 우리는 함께 북경호텔에 가서 밥을 먹는다.

연습문제 정답

1. ① 多大 / 二十岁
② 几月几号 / 十二月二十四号
③ 哪儿 / 北京饭店

2. ① 他今年十岁。
② 明天你有时间吗?
③ 我妈妈今年五十岁。
④ 我奶奶的生日也是十二月二十四号。

3. ① 你有什么事?
② 你明天有时间吗?
③ 明天是他的生日。
④ 我们一起去北饭吧。

4. ① 我有一个中国朋友。她叫丽红。她奶奶的生日也是十二月二十四号。
② 明天是李晨的生日。我们一起去北京饭店吃饭。

5. (1) ① 我的生日是五月十五号。
② 他的生日是九月十八号。
(2) ① 你今年几岁?
② 你今年多大?
③ 你爸爸今年多大年纪?
(3) ① 我们去北京饭店吃饭。
② 我们去书店买汉语书。

7과

본문 익히기 1

장리훙 도희야, 너는 올해 몇 살이야?
양도희 나는 올해 20살이야.
장리훙 네 생일은 몇 월 며칠이야?
양도희 내 생일은 12월 24일이야.
장리훙 우리 할머니 생신도 12월 24일이야.

본문 익히기 2

리첸 도희야, 내일 너 시간 있어?
양도희 있어. 너 무슨 일 있어?
리첸 내일은 내 생일이야.
양도희 그래? 그럼, 우리 함께 밥 먹으러 가자!
리첸 좋아! 우리 어디 가서 밥 먹을까?
양도희 우리 북경호텔에 가서 밥 먹자!

본문 익히기 3

나는 양도희라고 부른다. 나는 올해 20살이다. 내 생일은 12월 24일이다. 나는 중국인 친구가 한 명 있는데, 그녀는 리훙이라고 부른다. 그녀의 할머니 생신도 12월 24일이다.

8과

본문 익히기 1

크리스 해진아, 너 배가 고파 안 고파?
박해진 나 매우 배고파. 우리 가서 밥 먹자.
크리스 너는 뭐 먹고 싶어?
박해진 나는 중국음식을 먹고 싶어. 너는?
크리스 나도 중국음식을 먹고 싶어.

본문 해석 및 연습문제 정답

박해진 좋아! 가자!

본문 익히기 2

크리스 너는 중국음식 먹는 거 좋아해?

박해진 나는 중국음식 먹는 거 정말 좋아해.

크리스 너는 어떤 중국음식 먹는 것을 좋아해?

박해진 나는 찹쌀탕수육 먹는 것을 좋아해.

크리스 듣자하니, 유학생 식당의 철판소고기볶음이 매우 맛있대.

박해진 그래? 우리 한번 먹어보자!

본문 익히기 3

수업을 마친 후, 나와 크리스는 모두 매우 배가 고프다. 우리는 모두 중국음식을 먹고 싶다. 나는 찹쌀탕수육 먹는 것을 좋아한다. 크리스는 유학생 식당의 철판소고기볶음이 매우 맛있다고 했다. 우리는 가서 한번 먹어보기로 결정했다!

연습문제 정답

1. ① 饿不饿
   ② 想 / 吃中国菜
   ③ 喜欢 / 锅包肉

2. ① 我想看电视。
   ② 我不想学习汉语。
   ③ 他喜欢吃锅包肉。
   ④ 你喜(欢)不喜欢吃中国菜?

3. ① 现在你饿不饿?
   ② 你们想不想吃中国菜?
   ③ 他喜欢吃中国菜。
   ④ 她说食堂的锅包肉很好吃。

4. ① 下课以后, 我很饿。我想吃中国菜。
   ② 听说, 留学生食堂的铁板牛肉很好吃。我决定去尝尝。

9과

본문 익히기 1

양도희 해진아, 너는 요즘 어때?

박해진 나는 요즘 매우 바빠.

양도희 너는 무엇을 하느라 그리 바빠?

박해진 나는 요즘 한어수평고시(HSK)를 준비해.

양도희 HSK는 너무 어려워! 우리 함께 준비하는 거 어때?

박해진 좋아!

본문 익히기 2

양도희 리훙, 이 옷 어때?

장리훙 이 옷 예쁘다. 하지만 좀 크네.

양도희 이것은 좀 작은 거야. 어때? 맞는 것 같아?

장리훙 크지도 않고 작지도 않아. 딱 맞아!

양도희 색상은 어때?

장리훙 색상도 좋아.

양도희 나는 바로 이 옷을 살래!

본문 익히기 3

① 나는 요즘 매우 바쁘다. 나는 한어수평고시(HSK)를 준비한다. 그러나 HSK는 너무 어렵다. 나는 도희와 함께 HSK를 준비하기로 결정했다.

② 오늘 나와 리훙은 함께 옷을 사러 갔다. 나는 옷 한 벌을 입어보았다. 리훙은 조금 크다고 말했다. 나는 좀 작은 것을 입어보았다. 리훙이 크지도 않고 작지도 않고 딱 맞으며, 색상도 좋다고 말했다. 나는 좀 작은 것을 사기로 결정했다.

연습문제 정답

1. ① 很忙
   ② 忙 / 准备
   ③ 这件衣服 / 太好看了

2. ① 我最近准备HSK。
   ② 这件衣服有点儿大。
   ③ 这是小一点儿的。
   ④ 我就买这件衣服吧。

3. ① 这件衣服颜色也不错。

② 我和导喜一起准备HSK。

③ 我决定买小一点儿的衣服。

4. ① 我最近准备HSK。可是HSK太难了。我决定和导喜一起准备HSK。

② 今天我和丽红一起去买衣服。我试试一件衣服。丽红说, 不大也不小, 正合适, 颜色也不错。

10과

본문 익히기 1

박해진 내일 오후에 너는 무엇을 할 예정이야?
양도희 나는 영화를 볼 예정이야. 너는?
박해진 나는 집에 가서 쉴 예정이야.
양도희 주말에 너는 무엇을 할 예정이야?
박해진 아직 모르겠어.
양도희 그럼, 나와 함께 아이쇼핑 하러 가자!

본문 익히기 2

왕선생님 해진아, 주말에 너는 무엇을 했니?
박해진 저와 도희는 함께 아이쇼핑을 갔었어요.
왕선생님 너희들은 어디에 갔었니?
박해진 저희는 798예술구에 갔었어요.
왕선생님 어땠어? 재미있었어?
박해진 매우 재미있었어요. 그쪽에는 작은 상점도 많고, 또한 식당도 많이 있었어요.

본문 익히기 3

① 내일 오후에 나는 집에 가서 쉴 예정이다. 도희는 영화를 볼 예정이다. 우리는 주말에 함께 아이쇼핑을 할 예정이다.

② 주말에 나와 도희는 798예술구에 가서 아이쇼핑을 했다. 그쪽에는 작은 상점도 많고, 또한 식당도 많이 있었다. 매우 재미있었다.

본문 해석 및 연습문제 정답

연습문제 정답

1. ① 打算 / 打算 / 电影
   ② 打算 / 什么
   ③ 做什么了 / 一起去看 / 了

2. ① 晚上我打算回家休息。
   ② 昨天我跟妈妈逛街了。
   ③ 那边怎么样? 很好玩儿。
   ④ 那边有很多小店, 还有很多餐厅。

3. ① 你打算回家休息吗?
   ② 明天你打算去见朋友吗?
   ③ 周末我们去逛街了。

4. ① 今天我太累了。下课以后, 我打算回家休息。
   ② 周末我们去逛街了。那边有很多韩国人, 还有很多中国人。

11과

본문 익히기 1

박해진 리천, 너는 고궁에 가본 적이 있어?
리천 물론이지. 나는 고궁에 가본 적이 있어.
박해진 듣자하니, 고궁은 매우 아름답다고 하던데, 맞아?
리천 맞아, 정말 아름다워!
박해진 내일 오전에 함께 가는 것이 어때?
리천 문제 없지, 내일 봐!

본문 익히기 2

리천 해진아, 너는 북경에서 어떤 곳에 가봤어?
박해진 나는 고궁, 이화원과 북해공원에 가봤어.
리천 너는 또 어느 곳에 가봤어?
박해진 나는 또 팔달령에 가봤어. 팔달령은 정말 아름다워.
리천 나는 아직 팔달령에 가보지 못했어. 정말 가서 한번 보고 싶어!
박해진 그럼 좋아, 내가 너와 함께 갈게!

본문 익히기 3

어제 오전에 나와 내 친구 리천은 함께 고궁에 갔었다. 나는

본문 해석 및 연습문제 정답

또 이화원, 북해공원과 팔달령에 가봤다. 그러나 리천은 아직 팔달령에 가보지 못했다. 나는 그와 함께 가서 한번 볼 계획이다.

연습문제 정답

1. ① 我去过故宫
   ② 漂亮 / 漂亮极了
   ③ 哪些地方 / 八达岭 / 颐和园

2. ① 我去过故宫。
   ② 我还去过八达岭。
   ③ 你还去过什么地方?
   ④ 李晨没去过北海公园。

3. ① 你在北京去过哪些地方?
   ② 他还没去过颐和园。
   ③ 我打算陪他去看看。

4. ① 昨天上午我和我朋友李晨一起去故宫了。我还去过颐和园、北海公园和八达岭。
   ② 李晨还没去过八达岭。我打算陪他去看看。

5. ① 不　　② 没
   ③ 不　　④ 没
   ⑤ 没

6. ① 不　　② 过
   ③ 没　　④ 极了
   ⑤ 陪

12과

본문 익히기 1

양도희　해진아, 네 룸메이트는 미국인이지?
박해진　맞아, 그는 미국인이야.
양도희　그는 중국어를 말할 수 있어?
박해진　그는 중국어를 말할 수 있어. 그렇지만 그는 중국어를 그다지 잘하지 못해.
양도희　그럼, 너희들은 어떻게 교류를 해?
박해진　때로는 나와 그는 영어로 이야기하고, 때로는 나와 그는 중국어로 이야기해.

본문 익히기 2

리천　도희야, 너는 중국노래를 부를 수 있어?
양도희　나는 ≪첨밀밀≫만 부를 수 있어.
리천　너는 주화건의 ≪친구≫를 들어봤어?
양도희　들어봤어. 나는 그가 부른 ≪친구≫를 좋아해.
리천　너는 그 노래를 부를 수 있어?
양도희　못 불러. 방학한 후에, 나는 그 노래를 배우려고 해.
리천　좋아! 내가 도와줄게!

본문 익히기 3

① 나의 룸메이트는 미국인이다. 그는 중국어를 말할 수 있다. 그렇지만 그는 중국어를 그다지 잘하지 못한다. 때로는 나와 그는 중국어로 이야기하고, 때로는 나와 그는 영어로 이야기한다.

② 내 한국친구인 도희는 중국노래를 한 곡, ≪첨밀밀≫만 부를 줄 안다. 그녀는 주화건의 ≪친구≫를 듣는 것을 좋아한다. 방학한 후에, 그녀는 그 노래를 배우려고 한다. 나는 그녀가 그 노래를 배우는 것을 도와주려고 한다.

연습문제 정답

1. ① 吧 / 只
   ② 会
   ③ 怎么 / 有时候 / 说汉语 / 有时候 / 说英语

2. ① 我朋友不会说汉语。
   ② 你会说汉语吗?
   ③ 我要学汉语。
   ④ 你们怎么交流?

3. ① 我妈妈会唱中国歌。
   ② 我弟弟的汉语不太好。
   ③ 有时候我们去逛街, 有时候我们在家休息。

4. ① 我在学校学英语了。我会说英语。但是我的英语不太好。
   ② 听说, 汉语很难。我的中国朋友要帮我学汉语。

워크북 정답

1과

2. ① 老师　　② 晚上　　③ dàjiā　　④ míngtiān　　⑤ 最近

3. ① 你　　② 您　　③ 很饿　　④ 大家　　⑤ 不累

4. ① 大家好！
   ② 明天早上见！
   ③ 你最近好吗？
   ④ 明天我不忙。／我明天不忙。

5. ① a　　② b　　③ c

2과

2. ① xuésheng／服务员　　② 汉语书　　③ péngyou　　④ 学校　　⑤ zhè／bú shì

3. ① 汉语老师　　② 我朋友　　③ 这／那　　④ 词典／也是

4. ① 他是我朋友。
   ② 那不是汉语老师。
   ③ 那是什么？
   ④ 这是汉语书吗？
   ⑤ 这是我朋友。她也是学生。

5. ① b　　② a　　③ c

3과

2. ① 名字　　② rènshi／gāoxìng　　③ 哪国人　　④ wǒ péngyou　　⑤ 留学生

3. ① 你呢　　② 也是　　③ 我朋友　　④ 都是

4. ① 汉语老师叫什么名字？
   ② 他姓朴，叫海镇。
   ③ 我认识王老师。
   ④ 你朋友是哪国人？

5. ① a　　② b　　③ b

4과

2. ① 哪儿／yīyuàn　　② Shǒu'ěr　　③ 图书馆／那儿　　④ zuò shénme　　⑤ 什么／tīng yīnyuè

3. ① 现在／家　　② 做作业　　③ 不在　　④ 做菜

4. ① 他在中国。
   ② 我哥哥不在家。
   ③ 我爸爸在学校工作。
   ④ 她在哪儿工作？
   ⑤ 我是学生。我在○○大学念书。

5. ① a　　② c　　③ b

5과

2. ① sì kǒu rén　　② 兄弟姐妹　　③ 医院　　④ kōngzhōng xiǎojiě　　⑤ Běijīng Dàxué

3. ① 姐姐　　② 学校　　③ 医生　　④ 两本

4. ① 他们家都有什么人？
   ② 我没有英语词典。
   ③ 我有四个中国朋友。
   ④ 我姐姐在图书馆工作。
   ⑤ 她爸爸做什么工作？

5. ① b　　② a　　③ b

워크북 정답

6과

2. ① jǐ diǎn / 十二点半　② 下课
   ③ 星期几　　　　　　④ 两点
   ⑤ 差一刻 / 睡觉

3. ① 差一刻两点　　　② 星期六 / 没有
   ③ 早上八点　　　　④ 星期天 / 不在家 / 一起

4. ① 今天星期五。我十一点上课。
   ② 星期一我三点三刻(差一刻四点/三点四十五分)下课。
   ③ 明天我们一起去图书馆。
   ④ 下星期五我们一起去首尔。
   ⑤ 我晚上十二点睡觉。

5. ① c　　② a　　③ c

7과

2. ① 几月几号　　　② shíjiān
   ③ 一起 / 吃饭　　④ shēngrì
   ⑤ fàndiàn

3. ① 也是　　　　　② 什么
   ③ 二十四(岁)　　④ 哪儿

4. ① 你爸爸今天多大年纪？
   ② 明天我有时间。
   ③ 星期六是我朋友的生日。
   ④ 我们一起去看电影吧。
   ⑤ 我奶奶今天去医院看病。

5. ① b　　② a　　③ b

8과

2. ① 想 / 想不想　　② yǒu méiyǒu
   ③ 买什么　　　　④ 尝尝
   ⑤ 听听 / 音乐

3. ① 以后 / 食堂 / 吃饭　② 课 / 学习
   ③ 书店 / 汉语书　　　④ 韩国菜

4. ① 老师喜欢听音乐。
   ② 我不想去中国。
   ③ 下课以后，我去医院看病。
   ④ 我们决定看看课文。
   ⑤ 我妈妈想去中国尝尝中国菜。

5. ① b　　② b　　③ c

9과

2. ① 准备　　　　② 合适
   ③ yánsè　　　④ juédìng
   ⑤ 试试

3. ① 难　　　　　② 不错
   ③ 有点儿　　　④ 一点儿

4. ① 那本汉语书怎么样？
   ② 你妹妹太漂亮了。
   ③ 姐姐好看一点儿。
   ④ 这是我爸爸的，有点儿大。
   ⑤ 这件衣服不大也不小，正合适。我决定买这件衣服。

5. ① a　　② a　　③ a

10과

2. ① 打算　　　　② kàn diànyīng
   ③ 逛街　　　　④ 好玩儿
   ⑤ hěn duō / 留学生

3. ① 休息　　　　② 决定 / 吃饭
   ③ 那 / 798艺术区　④ 上个星期 / 出差

4. ① 周末我们去逛街了。
   ② 下课以后，我们打算去吃中国菜。
   ③ 我们决定星期二一起学习汉语。
   ④ 明天我不打算看电影。
   ⑤ 那边不好玩儿。

5. ① a　　② c　　③ a

워크북 정답

11과

2. ① Gùgōng ② méi wèntí
   ③ 颐和园 / 北海 ④ 八达岭
   ⑤ 漂亮

3. ① 哪些 ② 还没
   ③ 陪他 ④ 什么地方

4. ① 我见过朴海镇。
   ② 她哥哥帅极了。
   ③ 我还没喝过中国茶。
   ④ 我打算陪妈妈去医院。
   ⑤ 我没去过北京。很想去看看。

5. ① b ② a ③ a

12과

2. ① 同屋 / 但是 / huì ② 不太好 / yào
   ③ 交流 ④ yǒushíhou
   ⑤ 只

3. ① 英语 ② 你们学校
   ③ 唱中国歌 ④ 做中国菜

4. ① 他会做中国菜。但是我不会做中国菜。
   ② 他家怎么走?
   ③ 我要买苹果。你要不要跟我一起去?
   ④ 有时候我不想吃中国菜,也不想吃韩国菜。
   ⑤ 我的中国朋友只会唱一首韩国歌,就是安在旭的《朋友》。

5. ① b ② a ③ b